FRÜHLING
— BIS WINTER

SEITE 86 FRÜHBEET ANLEGEN

SEITE 90 SAATGUT ERNTEN

1x1 DES BIOGÄRTNERNS

SEITE 92 KARTOFFELN ANBAUEN

SEITE 94 CHICORÉE BLEICHEN

PETER BERG

BIO GÄRTNERN

LEICHT GEMACHT

KOSMOS

GRUNDLAGEN SCHAFFEN

Den Boden erkennen

[1.]

[2.]

[3.]

Im 16. Jahrhundert hießen die fleißigen Gartenhelfer noch „reger Wurm", wovon sich ihr heutiger Name ableitet. Die Regenwürmer produzieren Dünger, der zu den besten der Welt zählt.

REGENWURMZÄHLUNG

Anzeiger für fruchtbaren Boden

REGENWÜRMER SIND WICHTIGE INDIKATOREN FÜR EIN GUTES BODENLEBEN. SIE SIND EIN GRADMESSER FÜR DIE LEBENDIGKEIT UND DIE FRUCHTBARKEIT DES GARTENBODENS.

Material und Werkzeug

Spaten

Beetfläche; 1 qm oder kleiner

Garten-/Abdeckplane

So geht's

1. Graben Sie im Garten ein ca. 30 cm tiefes Loch (eine Spatentiefe) mit einer Fläche von insgesamt etwa 1 qm. Machen Sie die Regenwurmprobe nicht in einer Trockenperiode, denn die Regenwürmer ziehen sich bei Trockenheit tiefer in die Erde zurück (bis zu 80 cm). Natürlich kann auch ein kleineres Bodenstück genommen werden. Das folgende Ergebnis wird dann auf 1 qm hochgerechnet.

2. Geben Sie die ausgegrabene Erde auf eine Plane. Sie wird nun systematisch durchsucht und die Erdklümpchen vorsichtig auseinandergedrückt. Zählen Sie die Regenwürmer und deren Eier – natürlich wird man auch noch viele andere Tierchen sehen.

3. Bei ca. 80 Würmern mit Eiern ist Ihr Boden nur mäßig belebt und bedarf entsprechender Maßnahmen zur Steigerung der Aktivität (eine großzügige Kompostgabe und über Winter eine Gründüngungseinsaat mit Roggen und Wicken). Bei ca. 150 Regenwürmern mit Eiern ist die biologische Aktivität Ihres Bodens gut. Eine hervorragende Bodenlebendigkeit herrscht bei einer Anzahl von 250 und mehr. Die Bearbeitung eines solchen Bodens dient vorrangig dazu, dieses hohe, „lebendige" Niveau langfristig zu halten.

INTERESSANT | ÜBER REGENWÜRMER Die Würmer bilden sichtbare Häuflein an der Bodenoberfläche sowie in den Hohlräumen unter der Erde. Diese Ausscheidungshäuflein, in denen Erde und organische Bestandteile gemischt sind, werden von Bodenorganismen weiter verdaut. Auch der Schleim, den der Regenwurm beim Gleiten absondert, ist eine wichtige Substanz für weitere Bodenlebewesen.

Je höher der Grundwas-
serstand, desto feuchter
der Boden und desto
weniger Pflegearbeiten.

[1.]

[2a]

WIE FEUCHT IST MEIN BODEN?

Den Grundwasserstand untersuchen

DER GRUNDWASSERSTAND HAT AUSWIRKUNGEN AUF DIE GRUNDFEUCHTE DES BODENS UND SOMIT AUF DAS GIESSEN UND HACKEN. EINE PRAKTISCHE MÖGLICHKEIT, MEHR ÜBER DIE BODENFEUCHTE ZU ERFAHREN, IST DIE UNTERSUCHUNG DES OBERBODENS.

Material und Werkzeug

Spaten

So geht's

1. Heben Sie die Grasnarbe vorsichtig mit einem Spaten ab. Unter ihr kommt die Scholle zum Vorschein. So erhalten Sie einen tieferen Einblick in den Boden.

2. Nehmen Sie etwas Erde zwischen die Hände und versuchen Sie nun eine Art Wurst zu formen. Dies gibt Rückschlüsse auf die Bodenfeuchte bzw. die Fähigkeit des Bodens, Wasser zu speichern.

   2a Ist der Boden formbar, verfügt er über eine gute Wasserhaltefähigkeit und ist in der Pflege einfacher, d. h., er muss weniger gehackt, gegossen und gemulcht werden.

   2b Ist der Boden nicht formbar, kann er das Wasser nicht so gut halten. Es sollten Bodenverbesserungsmaßnahmen durchgeführt werden (Erhöhung des Humusgehalts, z. B. durch Kompost), um den Pflanzen optimale Wachstumsbedingungen zu bieten. Oder Pflanzen angebaut werden, die weniger Wasser benötigen und eher sandigen Boden bevorzugen.

INTERESSANT | AUSTAUSCH MIT DEN NACHBARN   Der Stand des Grundwassers lässt sich ggf. auch durch ein Gespräch mit den Gartennachbarn oder Vorbesitzern erfahren. Sie haben oft jahre- oder gar jahrzehntelange Erfahrungen mit der eigenen oder einer benachbarten Fläche und können wichtige Informationen, z. B. über den Witterungsverlauf und die Reaktion des Bodens darauf, geben.

SPATENPROBE

Wo Pflanzen gut wachsen können

MIT DER SPATENPROBE ERHALTEN WIR EINEN UMFASSENDEREN EINBLICK IN DAS BODENGEFÜGE. SIE ZEIGT UNS, WELCHEN LEBENSRAUM DIE PFLANZENWURZELN VOR-FINDEN WERDEN UND WO DIE PFLANZEN GUT WACHSEN KÖNNEN.

Material und Werkzeug

Spaten

Jätfinger

So geht's

1. Befreien Sie den Boden von der Grasnarbe und stechen Sie mit dem Spaten ein dachziegelgroßes Stück heraus.

2. Im Querschnitt der Spatenprobe lässt sich das Bodenprofil gut er-kennen. Ist der Boden dicht oder wie gewünscht locker?

3. Sorgfältig wird der Bodenziegel herausgenommen und auf eine ebene Unterlage gelegt.
Betrachten Sie das Bodenstück jetzt genauer und kratzen Sie es leicht auseinander. Wirkt der Boden durchgängig krümelig und mit Bodentieren belebt, so ist das für die Pflanzenwurzeln ideal, da sie nicht mit Widerständen zu kämpfen haben. Wirkt der Boden dagegen fest und undurchlässig, bedarf es sorgfältiger Kompostanwendungen und des Anbaus von tiefwurzelnden Gründüngungspflanzen (siehe S. 46 bis 49 und 52 bis 53).

INTERESSANT | BODENUNTERSUCHUNG IM LABOR Mit dieser Analyse können die Haupt- und Spurennährstoffe (Stickstoff, Phosphor, Kalium, Magnesium und Eisen, Mangan, Kupfer usw.) sowie der sogenannte pH-Wert und Humusanteil des Bodens bestimmt werden. Man benötigt für eine aussagekräftige Analyse Bodenproben von mindestens zehn bis 12 Einstichen unterschiedlicher Tiefe (zwischen 0 und 30 cm) aus dem Garten. Die Probe wird gut gemischt und ca. 500 g ins Labor gegeben (Adressen siehe S. 111). Laboranalysen sind jedoch nur Momentaufnahmen, abhängig von der Jahreszeit sowie der jeweiligen aktuellen biologischen Aktivität des Bodens und der darauf wachsenden Pflanzen.

[1.]

[2.]

Auch der Geruch eines Bodens gibt wichtige Hinweise auf seinen Zustand. Guter Boden riecht nach Walderde, schweflig oder nach faulen Eiern riechender Boden enthält noch zu viel schlecht verweste organische Substanz und muss gut gelockert werden.

[3.]

[1.]

ZEIGERPFLANZEN

—— *Was Pflanzen über den Boden verraten*

EINEN WICHTIGEN HINWEIS AUF DEN ZUSTAND DES BODENS GEBEN AUCH DIE IM GARTEN WILD WACHSENDEN PFLANZEN, DIE SOGENANNTEN UNKRÄUTER. SIE WERDEN DAHER ZEIGERPFLANZEN GENANNT.

[2.]

Bodenzustand	Zeigerpflanzen	Maßnahmen
Stickstoffreicher Boden	Brennnessel Franzosenkraut Garten-Wolfsmilch Giersch Hirtentäschel [1.] Kletten-Labkraut Kohl-Gänsedistel Melde Persischer Ehrenpreis Vogelmiere Weißer Gänsefuß	Kartoffeln anbauen. Ihre Grünmasse nach der Ernte kompostieren, um eine Brachfläche zu erhalten, siehe S. 47.
Stickstoffarmer Boden	Acker-Fuchsschwanz Breitblättriger Hohlzahn Mauerpfeffer Rauhaarige Wicke Wilde Möhre	Leguminosen (Pflanzen, die Stickstoff im Boden ansammeln) anbauen, z. B. Erbsen, Bohnen, Lupinen. Oder Kompost ausbringen. Siehe S. 47 und 53.
Nasser Boden	Ampfer Kohl-Distel Mädesüß [2.] Wiesen-Schaumkraut	Sand einarbeiten oder Humusgehalt durch Kompostgabe erhöhen, siehe S. 47.
Trockener Boden	Färber-Kamille Kleiner Storchschnabel [3.] Mittlerer Wegerich Reiherschnabel Sommer-Adonisröschen	Ausgeprägte Mulch- und Kompostwirtschaft, siehe S. 47 und 63.
Schattiger Standort	Giersch Gundermann Sauerklee	Geeignete Pflanzen wählen, z. B. Rhabarber, Wald-Erdbeeren, Himbeeren.

[3.]

[4.]

Bodenzustand	Zeigerpflanzen	Maßnahmen
Saurer Boden	Ackerminze [4.] Färber-Kamille Hasenklee Kleiner Sauerampfer Schmalblättriges Weiden- röschen	Kalken, z. B. Dolomitkalk
Alkalischer Boden	Acker-Senf Acker-Stiefmütterchen [5.] Kriechendes Fingerkraut Leinkraut Luzerne Vogelmiere Wiesen-Salbei Wiesen-Storchschnabel	Torffreie Moorbeeterde einarbeiten (aus dem Handel oder selbst hergestellt aus Laubkompost, z. B. Walnuss-, Buchen-, Eichen-, Esskasta- nien- oder Birkenlaub)
Verdichteter Boden	Ackerminze Acker-Schachtelhalm [6.] Breit-Wegerich Huflattich [7.]	Ein Jahr Tiefwurzler, z. B. Luzerne, anbauen.
Staunässe	Acker-Kratzdistel Breit-Wegerich [8.] Gänsefingerkraut Kriechender Hahnenfuß Quecke	Ein Jahr Tiefwurzler, z. B. Luzerne, anbauen.
Sandiger Boden	Heidekraut Kiefer Klatsch-Mohn Königskerze [9.] Vogelmiere Wolfsmilch	Ausgeprägte Mulch- und Kompostwirtschaft, siehe S. 47 und 53.

[8.]

[5.]

[6.]

[7.]

[9.]

AUSSAAT

und Pflanzung

[2.]

Dieser praktische Streuer lässt sich leicht selbst herstellen, siehe S. 20

[1.]

[3.]

AUSSAATERDE

—— *Selbst herstellen*

WER SEINE PFLÄNZCHEN SELBST HERANZIEHT, KANN IN WENIGEN SCHRITTEN EIGENE AUSSAAT- UND PIKIERERDE HERSTELLEN. SIE BRAUCHEN DAZU ALS GRUNDZUTATEN NUR ETWAS KOMPOST, SAND UND GESTEINSMEHL.

Material und Werkzeug

40 bis 50 l reifer Kompost

Schaufel

Schubkarre o. Ä.

großes Sieb mit Maschenweite 15 x 15 mm; alternativ rundes Sandsieb mit Maschenweite 5 x 5 mm

30 l Maulwurfserde

10 l Sand

Gesteinsmehl

TIPP | Maulwurfserde können Sie bei einem Spaziergang auf einer Wiese mitnehmen. Sicher gibt es auch in Ihrer Nähe noch Felder, auf denen sich das Tierchen austoben darf.

So geht's

1. Den ca. ein Jahre alten Kompost durch ein schräg stehendes oder rundes Sieb geben (siehe auch S. 46 bis 49). Wichtig ist, dass die Aussaaterde nach dem Sieben keine groben Teile mehr enthält. Die ausgesiebten, groben Teile werden anschließend wieder in den Kompost gegeben oder dienen im Aussaatgefäß als unterste Drainageschicht.

2. Die fein gesiebte Aussaaterde wird nun mit etwa 30 l Maulwurfserde, die den mineralischen Anteil der Erde erhöht, gemischt. Danach werden zusätzlich etwa 10 l Sand (beispielsweise aus dem Baumarkt) hinzugegeben.

3. Abschließend wird etwas Gesteinsmehl über die Erdmischung gegeben, es versorgt die jungen Sämlinge mit Mineralstoffen, siehe auch S. 20.
Fügen Sie dieser Aussaatmischung keine weiteren Dünger hinzu, denn die Sämlinge brauchen für ein gesundes, kräftiges Heranwachsen nährstoffarme Erde.

INTERESSANT | BIODYNAMIK   Wenn Sie der Mischung zuvor gerührtes Hornmist-Präparat beigeben (siehe S. 98 bis 99), unterstützen Sie die künftigen Pflänzchen zusätzlich in einem gesunden, freudigen Wachstum.

GESTEINSMEHLSTREUER
—— *Praktisch für den Alltag*

GESTEINSMEHLE DIENEN DER DÜNGUNG VON PFLANZEN. SIE WERDEN DEM KOMPOST BEIGEGEBEN UND STEHEN DEN PFLANZEN SO ZUR VERFÜGUNG. FÜR DEN TÄGLICHEN GEBRAUCH IST EIN SIMPLER STREUER VORTEILHAFT.

Material und Werkzeug

500 ml-Glas mit Deckel

Nagel

Hammer

Gesteinsmehl, z. B. Urgesteins-mehl Vulkamin

Los geht's

1. Schlagen Sie mit einem Hammer und kräftigen Nagel etwa zehn Löcher in den Deckel.

2. Befüllen Sie nun das Glas ca. drei Viertel mit Gesteinsmehl. Fertig ist Ihr praktischer Gesteinsmehlstreuer.

Warum Gesteinsmehl?

Gesteinsmehle versorgen die Sämlinge in der Anzuchterde und ebenso die Rottemasse des Kompostes mit Mineralien und Spurenelementen wie Zink, Mangan und Kupfer. Diese Mineralien und Spurenelemente sind für die Mikroorganismen zur Bildung von Mikronährstoffen nötig. Stäuben Sie z. B. bereits in der Küche jedes Mal über Ihre im Komposteimer gesammelten organischen Reste Gesteinsmehl, werden von Anfang an die Verdauungsprozesse der Mikroorganismen unterstützt und folglich eine Fäulnisbildung mit unangenehmen Gerüchen vermieden.

Das Urgesteins-
mehl Vulkamin ent-
hält Kobalt. Es ist
für die Bildung von
Vitamin B_{12} notwen-
dig. Dieses trägt
zur Stärkung des
pflanzlichen Im-
munsystems bei.

Qualitativ hochwertiges Saatgut kann, wenn es sachgerecht gelagert wird, jahre-lang verwendet werden. Die Samen sollten an einem dunklen, trockenen und kühlen Ort mit möglichst konstanten Temperaturen lagern (optimale Lagerungs-temperatur 4 bis 10 °C). Achten Sie darauf, dass das Saatgut ausreichend trocken ist und schützen Sie es vor Mäuse- und Mottenfraß. Für die Aufbewahrung bieten sich dunkle Schraubgläser an, die zusätzlich licht- und temperaturgeschützt in einen Karton oder in eine Schachtel mit Deckel gestellt werden können. Versehen Sie die Behältnisse immer mit den gärtnerisch relevanten Daten wie Pflanzenart, Sorte, Ernte- und Kaufdatum.

SAATGUT TESTEN

—— *Eine Keimprobe machen*

QUALITATIV HOCHWERTIGES SAATGUT IST EINE WICHTIGE GRUNDLAGE FÜR EINE GUTE ERNTE UND FÜR DIE GESUNDE ERNÄHRUNG DER MENSCHEN. MIT DIESER UNKOMPLIZIERTEN KEIMPROBE KÖNNEN SIE DIE KEIMFÄHIGKEIT IHRES SAATGUTS TESTEN.

Material und Werkzeug

Samen

feuchtes Küchenpapier

Plastikbeutel

scharfes Messer

INTERESSANT | SAMENFESTE SORTEN STATT HYBRID-SAAT-GUT   Achten Sie beim Kauf auf samenfeste Sorten. Das eigene daraus gewonnene Saatgut kann im Gegensatz zu Hybriden für die nächste Aussaat verwendet werden. Hybridpflanzen sind in der Regel nicht vermehrungsfähig bzw. nicht in der Lage, die gewünschten Eigenschaften an die nächste Pflanzengeneration weiterzugeben. Hybrid-Saatgut ist auf dem Etikett neben dem Sortennamen mit der Ergänzung „F1" gekennzeichnet.

So geht's

1. Die Dauer der Keimfähigkeit von Saatgut variiert je nach Pflanzenart. Unter den Gemüsearten gelten die Nachtschattengewächse, wie Tomaten, Auberginen und Paprika, mit einer Keimfähigkeit von über fünf Jahren als sehr langlebig. Auch Kohl- und Kürbisgewächse, wie Gurke, Kürbis und Zucchini, keimen noch nach vier bis fünf Jahren. Ohne Probleme lassen sich auch Feldsalat, Rote Bete und Mangold noch nach Jahren aussäen. Schnittlauch-, Pastinaken- und Schwarzwurzelsamen allerdings verlieren sehr schnell ihre Keimfähigkeit, in der Regel nach einem Jahr.

2. Um die Keimfähigkeit Ihrer Samen zu testen, zählen Sie bei großen Samen, wie Bohnen oder Erbsen, zehn Samen ab, bei kleineren Samen 20 oder mehr (Sie können auch 100 Samen nehmen, wenn Sie nicht so viel rechnen möchten), und legen diese auf ein feuchtes Küchenpapier.

   2a Rollen Sie das Küchenpapier mit den Samen anschließend ein und legen Sie es in einen Plastikbeutel, in den Sie zuvor einige kleine Löcher geschnitten haben.

   2b Halten Sie dann den Beutel warm (ca. 20 bis 25 °C). Innerhalb weniger Tage bilden sich nun Keimlinge.
   Eine hohe Keimfähigkeit von über 80 % ist ideal. Liegt die Keimfähigkeit zwischen 60 und 80 %, müssen die Samen dichter ausgesät werden. Liegt die Keimfähigkeit unter 60 %, sollten Sie die Samen nicht mehr für den Gemüseanbau verwenden. Diese Samen haben erfahrungsgemäß nur noch wenig Triebkraft, sie wachsen zögerlich und liefern keine guten Erträge mehr.

[1.]

Die Saatkiste sollte immer an einem hellen Ort stehen, damit die Jungpflanzen möglichst keinen Geilwuchs entwickeln, um das Sonnenlicht zu suchen.

[2.]

[3.]

[4.]

AUSSAAT IN KISTEN

Pflanzen im Haus aufziehen

AB FEBRUAR KÖNNEN ERSTE KULTUREN AUF DER FENSTERBANK VORGEZOGEN WERDEN, UM SPÄTER DIE ROBUSTEN JUNGPFLANZEN IM GARTEN AUSZUPFLANZEN. DIE SAMEN WERDEN DAZU IN KLEINE KISTEN AUSGESÄT.

Material und Werkzeug

Aussaatkiste (Holz oder Plastik)

Zeitungspapier

Aussaaterde

feines Sieb

Brettchen zum Andrücken

Saatgut

Gießkanne mit Brausekopf

Etikett

Licht- und Dunkelkeimer

Beim Aufkeimen der Samen werden sogenannte Licht- und Dunkelkeimer unterschieden. Beim Aussäen von Dunkelkeimern müssen die Samen mit einer feinen Schicht Erde bedeckt werden. Lichtkeimer werden nicht mit Erde bedeckt. Gängige Dunkelkeimer sind Paprika, Tomaten, Kohl, Lauch, Gurke, Kürbis, Tulpen, Lilien.
Gängige Lichtkeimer sind Basilikum, Salate, Möhren, Rasen, Pfingstrosen.

So geht's

1. Für eine Aussaat in Kisten kann man sowohl Plastikkisten als auch Holzkisten verwenden. Holzkisten sollten unten am Boden zusätzlich mit Zeitungspapier ausgelegt werden. Es dient als unterste Drainageschicht, damit das Gießwasser nicht zu schnell austreten kann.

2. Wenn Sie eigene Aussaaterde hergestellt haben (siehe S. 19), können Sie diese nun in die Kisten füllen. Sie können aber natürlich auch torffreie Bioerde für Anzuchten aus dem Fachhandel erwerben. Beim Befüllen der Kisten sollten Sie darauf achten, die Erde besonders in den Ecken etwas einzudrücken, da diese immer dazu neigen, beim Gießen nachzusacken. Anschließend wird noch etwas Aussaaterde über die Kiste gesiebt. Sie ist besonders für feine Aussaaten wie Basilikum, Salate und Selleriearten wichtig, da diese Keimlinge im Boden so besser anwachsen können.

3. Danach wird die Erde am besten mithilfe eines Brettchens geebnet und etwas angedrückt. So können beim Angießen die Samen nicht in etwaige Löcher geschwemmt werden.

4. Jetzt ist die Kiste für die Aussaat der Samen bereit. Je gleichmäßiger die Samen verteilt werden und je mehr Platz wir dem Keimling lassen, desto kräftigere Jungpflanzen können heranwachsen. Zum Schluss wird vorsichtig mit feinem Wasserstrahl (Gießkanne mit Brausekopf verwenden) angegossen. Die Kiste sollte immer mit einem Etikett versehen werden, das mit Pflanzensorte und Aussaatdatum beschriftet ist.

[2a]

Reine Blattstecklinge mit
mindestens zwei Blatt-
paaren können von Blatt-
Begonien, Usambaraveil-
chen und Sukkulenten
gezogen werden.

[2b]

STECKLINGE SCHNEIDEN

—— *Neue Pflanzen heranziehen*

MANCHE PFLANZEN LASSEN SICH EINFACHER UND SCHNELLER DURCH STECKLINGE ALS DURCH SAMEN GEWINNEN. SIE WERDEN VON DER MUTTERPFLANZE ABGETRENNT UND WACHSEN DANN IM LAUFE DES JAHRES SELBST ZU KRÄFTIGEN PFLANZEN HERAN.

Material und Werkzeug

gesunde Mutterpflanzen

Pflanztöpfe mit 8 cm Durchmesser

Jungpflanzenerde

scharfes Messer oder Gartenschere

Vlies o. Ä.

Gießkanne

So geht's

1. Man unterscheidet grundsätzlich zwischen Kopf-, Blatt- und Wurzelstecklingen. Alle Stecklinge werden ab dem Frühjahr einer gesunden Mutterpflanze entnommen und sollten mindestens zwei voll ausgebildete Blattpaare besitzen.

2. Kopfstecklinge: Bei Pflanzen wie Pfefferminze, Estragon, Salbei, Verbene, Ehrenpreis, Lavendel, Buntnessel, Phlox und Nelke. Diese Form der Stecklinge weisen neben den beiden Blattpaaren noch die Triebspitze (den Kopf) auf.

2a Für ihre Vermehrung schneidet man von einer Mutterpflanze Triebspitzen mit einer Länge von 4 bis 5 cm etwa 1 cm unterhalb eines Blattansatzes ab. Der Steckling sollte drei bis maximal fünf Blattpaare aufweisen, die untere Blattreihe wird dann entfernt.

2b Je nach Größe der Töpfe werden etwa vier Stecklinge in einen Topf mit Jungpflanzenerde gesteckt, angegossen und mit Vlies o. Ä. zugedeckt, um Feuchtigkeitsverluste zu vermeiden. Stecklinge wollen Feuchtigkeit, jedoch keine Staunässe. Deshalb nur wenig und vorsichtig nachgießen. Prüfen Sie regelmäßig die Feuchtigkeit.

2c Sobald der Stecklingstopf vollständig mit Wurzeln angefüllt ist, topfen Sie die Pflanzen entweder in einen größeren Topf oder siedeln die Pflanzen in den Garten um.

[3.]

[3a]

[3b]

3. Wurzelstecklinge macht man von Pflanzen, die unterirdische Ausläufer bilden, z. B. Pfefferminze, Zitronenmelisse und Garten-Phlox – sie neigen häufig sogar zum Wuchern!

3a Um Wurzelstecklinge zu gewinnen, wird ein Wurzelausläuferstück der Pflanze herausgetrennt. Wurzelteile, an denen sich bereits einzelne Austriebsteile gebildet haben, sind am besten geeignet. Diese Wurzelteile werden abgeschnitten ...

3b ... und anschließend in einen Topf mit Jungpflanzenerde gesteckt. Abschließend muss gut gewässert werden.

3c Wenn die Wurzelstücke angewachsen sind, d. h. sich neue, grüne Pflanzenteile oberirdisch gebildet haben und das Wachstum sichtbar ist, können die Pflanzen vereinzelt und in größere Töpfe gesetzt oder direkt ins Freie gepflanzt werden.

TIPP | Sie können Stecklinge auch in ein Glas Wasser stellen. Viele Pflanzen wie Tomaten, Andenbeeren, Buntnesseln und Fleißige Lieschen bilden auch auf diese Weise ebenfalls Wurzeln.

INTERESSANT | EINFACHE ABLEGER Bei Pflanzen, die oberirdische Ausläufer bilden, wie Erdbeeren, können die jungen Pflänzchen im Laufe des Sommers einfach von der Mutterpflanze mit einem scharfen Messer abgetrennt und eingepflanzt werden, da sie in der Regel schon eigene Wurzeln gebildet haben.

[1.]

[2.]

[3.]

[4.]

Pflanzen Sie nur die kräftigsten Keimlinge um. Nur aus ihnen werden schöne, gesunde Pflanzen heranwachsen. Die übrigen Pflänzchen kommen in den Kompost.

PIKIEREN

—— *Für starke Pflanzen*

NACH DER AUSSAAT STEHEN DIE KEIMLINGE BALD DICHT GEDRÄNGT NEBENEINANDER. WENN SICH DIE ERSTEN PFLANZENTYPISCHEN BLÄTTER AUSGEBILDET HABEN, BRAUCHEN SIE MEHR PLATZ UND WERDEN IN GRÖSSERE TÖPFE GESETZT.

Material und Werkzeug

Jungpflanzenerde

Pflanztöpfe

Hornmehl (40 g pro 10 l Erde)
oder Brennnessel-Jauche

Pikierstab o. Ä.

Gießkanne mit Brauseaufsatz

INTERESSANT | ANS FREIE GE-
WÖHNEN   Viele wärmeliebende
Kulturen, wie beispielsweise Gurken,
Tomaten oder Kräuter, sollten erst
ab Mitte Mai nach den Eisheiligen ins
Freie gesetzt werden. Zu diesem
Zeitpunkt sind keine Nachtfröste
mehr zu erwarten. Es empfiehlt sich,
die Keimlinge ein paar Tage vor der
Verpflanzung ins Freie an die neuen
Bedingungen zu gewöhnen und sie
tagsüber einige Stunden an einem
geschützten Ort nach draußen zu
stellen.

So geht's

1. Die Pflanztöpfe werden mit Jungpflanzenerde gefüllt und diese leicht angedrückt.
Wenn Sie eigene Aussaaterde hergestellt haben (siehe S. 19), können Sie die Erde-Sand-Mischung nun auch zum Pikieren Ihrer Pflänzchen verwenden.

1a Da Erden für Aussaaten jedoch grundsätzlich nährstoffarm sind, ist eine leichte Zugabe von Hornmehl empfehlenswert, etwa 40 g je 10 l fertiger Erde. Durch das Hornmehl wird der jungen Pflanze im Pikiergefäß nach etwa zwei Wochen kontinuierlich etwas mehr Stickstoff zur Verfügung gestellt und sie wächst dadurch „freudiger". Anstelle des Hornmehls kann man den pikierten Jungpflänzchen nach dem Anwachsen in regelmäßigen Abständen etwas Brennnessel-Jauche ins Gießwasser geben (siehe S. 69).

2. Das Vereinzeln der noch zarten Pflänzchen geschieht mit einem Pikierstab oder einem angespitzten Stöckchen bzw. Essstäbchen. Der Sämling wird dazu vorsichtig der Saatkiste entnommen und die Wurzeln auf ca. 2 cm eingekürzt.

3. Anschließend werden die Pflänzchen alleine, zu zweit oder zu dritt in größere Anzuchttöpfe gesetzt. Ein tiefes Pflanzloch ist wichtig, damit die Pflanzen vom Wurzelhals bis zu den Keimblättern neue Wurzeln bilden.

4. Der Wurzelhals darf ganz in der Erde verschwinden. Vorsicht beim Andrücken, damit er nicht abgeknickt wird. Abschließend wird sorgfältig mit einer feinen Brause angegossen.

[3a]

[1.]

[2.]

[4.]

Sie können die Qualität Ihrer Bodenvorbereitung testen, indem Sie versuchen, mit der bloßen Hand bis zum Knöchel am Handgelenk ohne Anstrengung in den Boden zu gelangen. Gelingt Ihnen dies ohne Mühe, ist der Boden optimal für Möhren und andere Tiefwurzler vorbereitet.

GARTENBEETE VORBEREITEN
Für optimales Wachstum

EIN RICHTIG BEARBEITETER UND VORBEREITETER BODEN SCHAFFT OPTIMALE VOR-
AUSSETZUNGEN FÜR DAS WACHSTUM UNSERER PFLANZEN, INSBESONDERE UNSERER
WURZELGEMÜSE.

Material und Werkzeug

Blatthacke

Grabegabel

Kompost

Krail

Rechen

INTERESSANT | BIODYNAMIK
Nach Entfernung der Unkräuter kann
großtropfig mit einem Handfeger das
Hornmist-Präparat (siehe S. 99) aufgetragen werden. Es regt auf „homöopathische" Weise das Bodenleben an.

So geht's

1. Der erste Schritt zur Beetvorbereitung ist die flache Entfernung
der Unkräuter auf dem Beet. Samenunkräuter wie Vogelmiere,
Franzosenkraut oder Kreuzkraut werden dazu mit einer Blatthacke etwa 1 bis 1,5 cm flach abgeräumt, ihre Wurzeln können problemlos in der Erde verbleiben. Wurzelunkräuter wie Löwenzahn
müssen tiefer ausgegraben werden, da jedes Wurzelstück dieser
Pflanzen weiterwächst und zu erneutem Unkrautbewuchs führen
würde.

2. Für die darauffolgende, nicht wendende Bodenbearbeitung zur
Bodenlockerung wird die Grabegabel verwendet. Durch die weit
auseinanderstehenden einzelnen Zinken werden nur wenige Regenwürmer beim Lockern geteilt.

3. Auf das bearbeitete Beet wird anschließend, je nach geplanter
Pflanzen- oder Gemüseart, Kompost aufgebracht und sofort mit
dem Krail oberflächlich in den Boden eingearbeitet. Der beste Zeitraum hierfür ist in der Vegetationsperiode von Mitte März bis Mitte
Oktober. Dann ist die Bodentemperatur in der Regel über 8 °C und
der Kompost kann seine für das Bodenleben wichtige „Hefewir-
kung" voll entfalten. Zudem sind die Bodenorganismen ab dieser
Temperatur in der Lage, mit ihrer Verdauung zu beginnen.

3a Mit dem Krail werden anschließend die an der Oberfläche lie-
genden Erdklumpen bis zu einer Tiefe von etwa 8 bis 10 cm zerkleinert. Dazu schieben Sie den Vierzahn diagonal über das Beet.

4. Mit einem langstieligen Rechen werden abschließend die oberirdischen restlichen Erdklumpen bis zu einer Tiefe von 4 bis 6 cm ganz
flach weggenommen, damit das Saatbeet in den ersten ein bis
zwei Zentimetern eine vollständig reine, feine Bodenstruktur hat.

AB INS BEET

Aussäen und pflanzen

WENN DER BODEN VORBEREITET IST, HEISST ES AB MITTE MAI: PFLANZZEIT! SAMEN KÖNNEN DIREKT INS BEET GESÄT UND VORGEZOGENE JUNGPFLANZEN AUSGEPFLANZT WERDEN. JUNGPFLANZEN MÜSSEN VOR DEM UMZUG INS FREIE ABGEHÄRTET WERDEN.

Material und Werkzeug

Pflanzetiketten

Bleistift o. Ä.

Stiel und Pflanzschnur; alternativ Reihenzieher

ggf. Zollstock

Gießkanne

TIPP | Mit einem sogenannten Reihenzieher, einem halb professionellen Gerät, kann man die Saatrillen ziehen. Mit einem Reihenzieher lässt sich nicht nur der Abstand der Rillen zueinander individuell einstellen, sondern gleichzeitig die jeweilige Rillentiefe.

So geht die Aussaat

1. Nach der gründlichen Bodenvorbereitung werden für die Aussaat nun die Saatrillen festgelegt und der Beetanfang mit Etiketten markiert, auf denen die jeweils relevanten Kulturdaten wie Sorte und Aussaatdatum festgehalten sind. Eine optimale Beetbreite liegt zwischen 110 und 120 cm. Breiter sollte ein Beet nicht sein, da es sonst schwerer zu bearbeiten ist. Wenn Sie keinen Reihenzieher haben, können Sie mit einem Stiel die Reihen ziehen. Mithilfe einer gespannten Schnur erhalten Sie gerade Rillen. Je gerader die Rillen, desto deutlicher sind die Saatreihen und desto einfacher wird die spätere Unkrautbekämpfung.

2. Achten Sie beim Aussäen der jeweiligen Kultur auf gleichmäßige und optimale Abstände im Beet (siehe ab S. 104). Ein Zollstock kann für die Abstände in den Reihen hilfreich sein.

   2a Bei optimalen Pflanzabständen müssen Sie später weniger vereinzeln und können besser zwischen den Kulturen hacken, hier beispielsweise mit der Pendelhacke.

3. Nach dem Aussäen wird die Saatrille von Hand geschlossen, sodass die Samen etwa einen halben Zentimeter, maximal einen Zentimeter, unter der Erde liegen. Abschließend wird angegossen.

Jungpflanzen kommen ins Beet

Auch beim Auspflanzen der Jungpflanzen ist es wichtig, auf den Platzbedarf sowie die Wuchshöhe der einzelnen Pflanzenarten zu achten. Vor dem Auspflanzen müssen die Sämlinge ausreichend gewässert werden. Anschließend werden Pflanzenlöcher ausgehoben, die mindestens doppelt so groß wie die Wurzelballen der Pflanzen sind. Damit die Pflanzen gut im Gartenboden anwachsen, muss nach dem Einpflanzen nochmals gründlich gewässert werden.

[1.]

[2a]

[3.]

[2.]

[1.]

[2.]

[3.]

KEIN GEDRÄNGE IM BEET

Für optimale Abstände sorgen

IST IHRE SAAT IM BEET DOCH EINMAL ZU DICHT GERATEN, MUSS SIE VEREINZELT WERDEN. WENN DIE PFLANZENART ES ZULÄSST, KÖNNEN DIE DAZWISCHEN HERAUSGEZOGENEN PFLÄNZCHEN AN ANDERER STELLE WIEDER EINGEPFLANZT WERDEN.

Material und Werkzeug

lediglich die eigenen Hände

So geht's

1. Versuchen Sie eine zu dichte Saat bereits bei der Aussaat zu vermeiden und achten Sie dabei auf den richtigen Pflanzabstand (siehe ab S. 104). Beim späteren Vereinzeln im Beet müssen sonst unnötig viele kleine gekeimte Pflänzchen aus der Reihe entfernt werden. Das macht Arbeit und der Samen hat auch Ihr Geld gekostet. Zudem lassen sich manche Gemüse nicht problemlos verpflanzen. Möhren werden beispielsweise in aller Regel beinig, d. h., die Möhre bekommt anstelle einer Wurzel mehrere sogenannte „Beine" und Radieschen bilden keine schönen Knollen mehr aus.

2. Das Keimblattstadium (die ersten ein oder zwei nicht-typischen Pflanzenblätter werden sichtbar) ist der beste Zeitpunkt, um in der Saatreihe genügend Platz für die kräftigsten Pflanzen zu schaffen. Dabei bedient man sich einer einfachen „Körpermaß-Tabelle": 1 Fingerbreit = 2 cm (gut für Radieschen), 1 Handspanne = 25 cm (gut für Kopfsalate).

3. Die überzähligen Pflänzchen kommen auf den Kompost. Sommerblumen werden nicht vereinzelt. Die Kräftigsten von ihnen ziehen einfach in ein anderes Beet um. Das Gleiche gilt für Kohl, Lauch und Salat.

INTERESSANT | GUTE ABSTÄNDE Erfahrungsgemäß geschieht eine zu dichte Aussaat vor allem bei Möhren und Salaten. Das können Sie folgendermaßen vermeiden: Mischen Sie in die Samen trockenen Sand oder wirklich alte, nicht keimfähige Samen der gleichen Art. So werden die Abstände zwangsläufig größer. Sie können im Fachhandel auch eine technische Saatgutform kaufen, z. B. Samenpillen oder ein Saatband. In dieser Form sind die Samen allerdings nicht so lange lagerfähig. Kaufen Sie deshalb immer nur den Bedarf für ein Jahr gemäß Ihrer Anbauplanung.

TÖPFE UND KÜBEL

Vorbereiten und bepflanzen

WER NUR EIN KLEINES GARTENBEET ODER KEINE EIGENE SCHOLLE ZUR VERFÜGUNG HAT, KANN IN GEFÄSSEN GÄRTNERN. DAMIT AUCH DIES ZUR FREUDE WIRD, GILT ES EINIGE SCHRITTE ZU BERÜCKSICHTIGEN.

Material und Werkzeug

Ton- oder Plastiktopf

Kieselsteine oder Tonscherben

Gartenerde mit Kompost im Verhältnis 1:1 oder tonhaltige, torffreie Kübelpflanzenerde aus dem Handel

Pflanzen

ggf. Rankhilfe

Gartenschere o. Ä.

Gießkanne

Untersetzer

So geht's

1. Um Staunässe zu vermeiden, benötigen Sie in größeren Gefäßen zuerst eine sogenannte Drainageschicht. Dazu wird eine Kiesschicht von ca. 10 bis 15 cm Höhe eingefüllt. Die Kiesschicht bringt durch ihr Gewicht zusätzliche Standfestigkeit, sie kann auch aus Tonscherben von alten Blumentöpfen bestehen. Bei selbst hergestellten Pflanzgefäßen müssen Sie nachträglich Löcher in den Gefäßboden bohren.

2. Als Nächstes wird die Pflanzerde eingefüllt. Dazu können Mischungen aus eigenem Kompost und Gartenerde im Verhältnis 1:1 vermengt werden. Wer fertige Mischungen kauft, sollte auf eine tonhaltige, torffreie Zusammensetzung achten, da diese das Wasser besser halten kann. Eine reine Füllung mit Kompost ist nicht ratsam, denn das Wasserhaltevermögen ist zu gering.
   Das Gefäß wird bis ca. 5 cm unter dem Rand mit der Erde gefüllt und diese gut angedrückt. Das restliche Volumen dient als sogenannter Gießrand, damit das Wasser langsam einziehen kann. Für höher werdende oder rankende Pflanzen kann die Rankhilfe gleich mit in den Topf verankert werden.

3. Je nach Pflanzenart werden ein bis drei Jungpflanzen in den Kübel gesetzt.

4. Nach dem Einpflanzen muss gründlich angegossen werden. Das Gefäß sollte anschließend auf einen Untersetzer gestellt werden. Er fängt später beim regelmäßigen Gießen überschüssiges Wasser auf und bewahrt den Balkon vor Huminflecken. Verabreichen Sie jedoch immer nur so viel Wasser, dass kaum etwas davon in den Untersetzer fließt. Denn bedenken Sie: Bei jedem großzügigen Gießen, das den Untersetzer zu voll werden lässt, werden Nährstoffe ausgeschwemmt, die in der Topfkultur schwieriger auszugleichen sind als im Gartenboden.

[1.]

[2.]

[3.]

[4.]

Topf-Pflanzen-Regeln

- **Standortwahl:** Der beste Standplatz ist ein möglichst sonniger Ort. Bei Obst und Gemüsen können dann die Früchte gut ausreifen und Kräuter entwickeln das volle Aroma.

- **Topfgröße:** Berücksichtigen Sie bei der Standortwahl Ihrer Topfkultur immer die endgültige Wuchsgröße Ihrer Pflanzen und wählen Sie ausreichend große Töpfe, sodass die Pflanzen genug Platz zum Wachsen haben. Nehmen Sie lieber einen etwas zu großen Topf als einen zu kleinen. Topfen Sie gegebenenfalls um, wenn der Topf im Laufe der Zeit doch noch zu klein wird. Einzelne Tomatenpflanzen fühlen sich beispielsweise in Gefäßen von 10 l und mehr Inhalt am wohlsten. Petersilie, Basilikum, Schnittlauch sowie weitere einjährige Küchenkräuter benötigen mindestens eine Topfgröße von 1 l pro Pflanze.

- **Winterschutz:** Wenn Ihre Topfpflanzen auch im Winter im Freien stehen sollen, benötigen Sie frostharte Gefäße. Diese müssen größer als nicht frostharte Töpfe sein, damit der Wurzelbereich der Pflanzen im Winter nicht vollständig durchfrieren kann. Können Sie Ihre Kübelpflanzen in ein frostfreies, helles Winterquartier stellen, benötigen Sie keine frostfesten Gefäße. Die nicht frostharten Gefäße sind vom Gewicht her wesentlich leichter als die frostbeständigen. Überwintern frostfeste Pflanzen (u. a. Stauden, Gehölze) im Freien an einer geschützten Hauswand, müssen die Töpfe zusätzlich mit einer Noppenfolie geschützt und die Pflanzen mit Reisig oder Jute abgedeckt werden.

- **Pflanzenerden:** Für Topfgärtner bietet der Handel eine große Vielfalt an Substraten. Achten Sie darauf, torffreie Erden zu verwenden, die zudem mineralische Bestandteile beinhalten. Verwenden Sie keine reine Komposterde! Sie können Ihren Pflanzen etwas Gutes tun und die gekaufte Erde mit ein wenig Lehm oder Ton verdünnen. Mischen Sie die Erde mit Tonmehl (Verhältnis 10:1), das ebenfalls im Handel erhältlich ist. Für Pflanzen mit starkem Nährstoffbedarf, wie Auberginen, Paprika und Tomaten, ist es hilfreich, Hornspäne in unterschiedlicher Größe in die Pflanzerde einzumischen. Sie können Erdzuschlagstoffe auch ganz einfach erhalten, indem Sie bei einem Spaziergang frische Maulwurfserde auf einer Wiese mitnehmen. Sie ist eine wunderbar lockere, nährstoffreiche Erde, die sich gut zum Herstellen von Erdmischungen eignet. Der hohe Anteil an Nährstoffen im Substrat ist wichtig, um den Topfpflanzen eine gute Nahrungsversorgung über einen längeren Zeitraum zu ermöglichen.

- **Balkonkompostierung:** Wer seine eigenen Obst-, Gemüsereste usw. aus dem Haushalt gerne selbst recycelt, kann aber sogar auf Balkon und Terrasse eigene Topferde herstellen. Die Balkonkompostierung ist einfach und unkompliziert und kann selbst auf kleinstem Raum angewandt werden (siehe S. 50).

- **Dünger:** Zeigen die Topfpflanzen Anzeichen von „Hunger", sollte umgehend gedüngt werden, z. B. mit Brennnessel-Jauche oder einem käuflichen organischen Flüssigdünger. Mit einer selbst zubereiteten Jauche aus Brennnessel- und Beinwellblättern (siehe S. 68) können Sie Ihre Topfkulturen während der gesamten Wachstumsperiode regelmäßig düngen, bei Bedarf alle 14 Tage.

[1.]

[2.]

Haben Sie einen Baum ge-
pflanzt, braucht sein Stamm
zusätzlich eine Stütze. Ein
Pfahl unterstützt das Wachstum des jungen Baums, denn
Winde können die noch jungen Wurzeln zu stark vibrie-
ren lassen und ein gutes Anwachsen somit erschweren.

[3.]

[4.]

BÄUME & STRÄUCHER

—— *Richtig pflanzen*

DER HERBST IST DIE BESTE ZEIT FÜR DIE PFLANZUNG. GEHÖLZE MIT BALLEN ODER IM CONTAINER DÜRFEN AUCH GANZJÄHRIG BEI FROSTFREIEM WETTER GEPFLANZT WERDEN.

Material und Werkzeug

Pflanze

Spaten

Schubkarre

Kompost (nicht vollständig verrottet)

ggf. Stützpfosten und Sisalseil

Gießkanne

So geht's

1. Um einen jungen Baum von ca. 80 bis 100 cm Höhe oder Beerensträucher zu pflanzen, werden zunächst die Rasensoden bis zu einer Tiefe von 5 bis 7 cm entfernt. Diese werden später klein gehackt in den Kompost gegeben.
Das Pflanzloch sollte etwa ein Drittel größer als der Wurzelballen und 40 bis 50 cm breit sein. Sammeln Sie die Erde aus dem gegrabenen Pflanzloch zunächst auf einer Schubkarre.

2. Das fertig ausgegrabene Pflanzloch wird nun am Boden etwa 10 cm tief gelockert, damit die Wurzeln darin gut weiterwachsen können. In das Pflanzloch wird zusätzlich nicht ganz verrotteter Kompost im Verhältnis 1:1 gefüllt und unter die gelockerte Erde gemischt.

3. Auf den so vorbereiteten Pflanzboden wird nun der Baum bzw. Strauch gestellt. Die in der Schubkarre gesammelte Erde wird ebenfalls mit nicht ganz verrottetem Kompost gemischt (Verhältnis 1:1) und das Pflanzloch damit aufgefüllt. Achten Sie darauf, dass die Pflanze beim Auffüllen gerade steht. Die Erde, die in das Pflanzloch kommt, sollte möglichst locker sein, damit die Pflanze gut wachsen kann.
Füllen Sie das Pflanzloch nicht komplett auf, sondern lassen Sie eine Vertiefung von ca. 5 cm, damit beim anschließenden Wässern, dem sogenannten „Einschlämmen", das Wasser gut in die Erde des Pflanzlochs eindringen kann.

4. Wässern Sie ausgiebig mit etwa 40 l Wasser. Nach dem Wässern sollte das Pflanzloch wieder bis auf das umgebende Bodenniveau aufgefüllt werden.

KOMPOST UND CO.

Nahrung für Pflanzen

[2.]

[1a]

[3.]

KOMPOST ZUBEREITEN
—— *In großen Behältern*

BEACHTEN SIE BEI DER KOMPOSTIERUNG DIE VIER SCHRITTE DER ZAUBERFORMEL FÜR BESTEN KOMPOST: ZERKLEINERN, MISCHEN, FEUCHT HALTEN UND BEDECKEN! DANN STEHT DEM GUTEN GELINGEN FAST NICHTS MEHR IM WEGE.

Material und Werkzeug

Kompostbehälter, z.B. Drahtgitter mit schwarzer Folie

Gartenschere

Äste und Zweige

Kompostiermaterial

Häckselgut

ggf. Gesteinsmehl

Spaten

Mistgabel

Gießkanne mit Brauseaufsatz

Vlies oder Deckel

Kompostthermometer

So geht's

1. Wählen Sie für Ihren Kompostplatz einen eher schattigen Ort und vermeiden Sie direktes Sonnenlicht, so kann der Kompost nicht zu stark austrocknen. Vor dem Kompostplatz sollte eine ebene und befestigte Fläche von etwa 1 qm sein. Dort können Sie später Ihre organischen Reste mit dem Häckselgut mischen.
Die Art des Kompostbehälters ist für das Gelingen weniger entscheidend. Er muss nach unten hin offen sein (außer beim Balkonkompost, siehe S. 50), damit Bodenorganismen einwandern können.

1a Wir verwenden hier ein Drahtgitter, das mit einer gelochten, schwarzen Folie am Rand ausgekleidet wird.

2. Zu Beginn kommt das „Knüppelbett" aus gröberen Ästen und Zweigen in das Kompostgefäß, etwa 20 cm hoch. So entsteht eine Drainageschicht zum Untergrund und Feuchtigkeit kann gegebenenfalls nach unten entweichen.

3. Die Mikroorganismen brauchen klein geschnittenes Material, am besten in einer Größe von 4 mm × 4 mm Breite, damit der Stoffabbau und -umbau sowie der Humusaufbau optimal verlaufen können. Ist das Material größer, dauert die Umwandlung länger und es entstehen eventuell unerwünschte Begleitprozesse.

[4.]

[5.]

[6.]

Nach etwa 15 bis 30 Wochen ist der Kompost reif. Arbeiten Sie den reifen Kompost möglichst umgehend und bis zu 10 cm tief in den Boden ein. Die beste Anwendungszeit für Kompost ist von Mitte März bis Ende Oktober.

[7.]

Alles darf gesammelt werden

– Kompostierbar sind alle Speisereste! Obst, Gemüse (auch gekocht), Brot, Käse, Spaghetti, Wurst, Zitrus- und Bananenschalen (der eigenen Gesundheit zuliebe möglichst in Bioqualität). Wichtig ist das vorherige Zerkleinern! Durch das Zerkleinern und das Mischen mit Häckselgut werden auch Wurst, Käse usw. keine Ratten anziehen.

– Geben Sie Eierschalen, ebenfalls zerkleinert, als wichtige natürliche Kalkquelle in den Kompost. Die innen haftende Haut ist ein Leckerbissen für die Kompostlebewesen, besonders für die Mikroorganismen.

– Sammeln Sie die organischen, möglichst bereits schon in der Küche zerkleinerten Reste dort in einem Komposteimer, der mindestens einmal pro Woche geleert werden sollte. Das Bestreuen der Reste mit Gesteinsmehl hilft Gerüche zu vermeiden.

4. Geben Sie später immer, wenn Sie organische Reste in den Kompost einmischen wollen, zuvor anteilig ein Drittel geschreddertes Häckselgut hinzu (je nach Feuchtigkeitsgrad des Materials auch bis zur Hälfte der Menge). Mischen Sie das Material mit dem Häckselgut am besten auf der befestigten Fläche vor dem Kompostplatz. Mit einer fünfzinkigen Mistgabel gelingt das Befüllen und das spätere Mischen am besten.
Neu in den Kompost gegebenes Material wird stets gründlich mit der obersten (der letzten) Schicht des Komposts vermischt. (Bei einer Miete mischen Sie immer den ganzen Haufen und verlängern ihn). Die oberste Kompostschicht ist etwa eine fünfzinkige Mistgabel tief (ca. 30 cm). Achten Sie beim Durchmischen darauf, dass Sie das Material nicht nur umwenden, sondern gleichzeitig gut lockern, damit genügend Luft für den Umwandlungsprozess zur Verfügung steht. Mit dem Mischen vermeiden Sie zudem eine Schichtenbildung im Kompost. Nur durch das regelmäßige Mischen kann eine gute Rotte stattfinden und die Mikroorganismen können zügig genug arbeiten, damit keine Fäulnis entsteht und Nährstoffe im Prozess verloren gehen.

5. Die Zugabe von Gesteinsmehl bereichert die Mischung im Rotteprozess.

6. Der Kompost muss einen bestimmten Grad an Feuchtigkeit aufweisen, damit die vielfältigen Umwandlungsprozesse optimal stattfinden können. Prüfen Sie jedes Mal, wenn Sie neues Material entsprechend in den Kompost eingemischt haben, den aktuellen Feuchtigkeitsgehalt.

6a Befeuchten Sie dazu das frisch eingefüllte Material. Nehmen Sie eine Handvoll von diesem neuen Material und machen Sie eine Faust. Es darf kein Wasser austreten, und beim späteren Öffnen der Hand sollte der Materialballen weiter zusammenkleben. Stoßen Sie nun den Ballen mit dem Finger an. Fällt dieser leicht auseinander, hat der Kompost die richtige Feuchtigkeit. Tritt bei der Faustprobe Wasser aus, ist der Kompost zu feucht. Geben Sie zum Binden der Feuchtigkeit entsprechend weiteres Häckselgut hinzu. Der Kompost ist zu trocken, wenn der Ballen beim Öffnen der Hand zerfällt. Gießen Sie feinst verteilt entsprechend etwas Wasser nach und mischen Sie alles wieder durch.

7. Damit der optimale Feuchtigkeitsgehalt im Inneren aufrechterhalten wird, muss der Kompost abgedeckt werden, z.B. mit einem Vlies. Vermeiden Sie direkte Sonnenbestrahlung und achten Sie darauf, dass kein Regenwasser hineinlaufen kann. Mit einem Kompostthermometer können Sie die Wärme in Ihrem Kompost überprüfen. Die Temperatur sollte zwischen 45 und 65 °C betragen.

BALKONKOMPOST

—— *In kleinen Gefäßen*

HABEN SIE KEINEN EIGENEN GARTEN, KEIN VORGÄRTCHEN ODER NUR WENIG KÜCHEN-RESTSTOFFE, BIETET SICH DIE KOMPOSTIERUNG IN EINEM KLEINEREN GEFÄSS AUF DEM BALKON AN. DAFÜR GENÜGT SCHON EIN EINFACHER EIMER, DER AUSREICHEND GROSS IST.

Material und Werkzeug

Plastikkübel oder -eimer mit Deckel; mindestens 35-l-Volumen

Zollstock

Bohrer

trockenes Häckselgut oder unbedruckter Karton

kleine Äste

Laub

organische Speisereste

Krail

Gesteinsmehl

Gartenschere o. Ä.

Gießkanne mit Brauseaufsatz

So geht's

1. In die Seite des Kübels werden zunächst ca. 20 Löcher gebohrt (Durchmesser 12 bis 15 mm), beginnend etwa 10 cm vom Boden.

2. Zunächst wird eine Schicht Häckselgut auf dem Gefäßboden ausgelegt. Wenn kein Häckselgut vorhanden ist, nimmt man Kartonschachteln, die in kleine Stücke zerrissen werden.

3. Das zerkleinerte Material aus der Küche kann nun hinzugegeben und mit einem Krail gut durchmischt werden. Die Mischung wird innig mit Gesteinsmehl bepudert.

4. Geben Sie später immer, wenn Sie organische Reste in den Kompost einmischen wollen, zuvor anteilig ein Drittel geschreddertes Häckselgut hinzu. Auch bei der Balkonkompostierung wird neu in den Kompost gegebenes Material immer gründlich mit der obersten (der letzten) Schicht des Komposts vermischt. Achten Sie beim Durchmischen darauf, dass das Material gleichzeitig gut gelockert wird und sich keine Klumpen bilden, damit genügend Luft für den Umwandlungsprozess zur Verfügung steht.

4a Nach Bedarf gibt man mit einer kleinen Gießkanne Wasser hinzu. Der Wasserbedarf hängt u. a. von der Feuchtigkeit der Küchenware ab, da beispielsweise Melonen und Tomaten selbst schon sehr wasserhaltig sind. Bedenken Sie, dass bei zu hoher Feuchtigkeit das Material fault und stinkt (Feuchtigkeitsgehalt testen, siehe S. 49). Bei zu trockenem Material können wiederum keine Abbauprozesse stattfinden, da Mikroorganismen ohne Feuchtigkeit nicht in der Lage sind zu arbeiten.

5. Der Kompostbehälter wird an einen schattigen Platz gestellt und zugedeckt. Um die Verdauungsprozesse der Bodenorganismen zu fördern und somit Fäulnisgerüche zu vermeiden, sollten dem Kompost wöchentlich 2 EL Gesteinsmehl zugefügt werden. Je nach verwendetem Material und persönlicher Aktivität ist der Kompost nach ca. sechs Monaten reif.

[1.]

[2.]

[3.]

[4.]

Die Zauberformel: Zerkleinern, mischen, feucht halten und bedecken, gilt hier ebenso wie für eine Kompostmiete oder ein großes Kompostgefäß.

[5.]

Gründüngerpflanzen für den Garten: Studentenblume (vermindert Fadenwürmer), Buchweizen (Bodendurchlüftung, Unterdrückung von Unkraut), Luzerne (Stickstoffsammler, Bodenlockerer), Weißer Senf (feinkrümeliger Boden; nicht mit Kreuzblütlern), Rotklee (Stickstoffbinder, Bodenlockerer), Bienenfreund (überträgt keine Krankheiten, guter Bodenbeschatter, filtert Nitrat), Winter- und Sommerwicke (Stickstoffsammler, schnelle Bodenbedeckung), Ölrettich, Inkarnatklee, Perserklee (Stickstoffsammler), Esparsette (sehr trockenheitsverträglich

[1a]

[1b]

[2.]

[3.]

GRÜNDÜNGUNG

—— *Den Boden beleben*

GRÜNDÜNGUNGSPFLANZEN LOCKERN MIT IHREM WURZELWERK DEN BODEN UND REICHERN IHN MIT STICKSTOFF AN. GARTENBEETE, DIE AB OKTOBER NICHT MEHR BE-PFLANZT WERDEN, SOLLTEN ZUR BODENBELEBUNG EINE GRÜNDÜNGUNG ERHALTEN.

Material und Werkzeug

Winterroggen und Wicke im Verhältnis 80:20

Sichel, Sense oder Rasenmäher

Spaten

Grabegabel

Krail

TIPP | GRÜNDÜNGUNG FÜR ZWEI MONATE   Für eine kurzfristige Gründüngung im Frühjahr von vier bis acht Wochen eignet sich eine Gründüngung mit Ackerbohnen. Soll das Gartenbeet Ende Mai bepflanzt werden, muss man die Ackerbohnen im Februar/März als Dichtsaat aussäen, d. h. im Abstand von 2 cm, einem Reihenabstand von ca. 10 cm und einer Saattiefe von ca. 4 cm. Ende April werden die oberirdischen Teile der Ackerbohnen abgeschnitten und zerkleinert in den Kompost gegeben. Die Bohnenwurzeln verbleiben im Boden. Der in ihnen eingelagerte Stickstoff steht anschließend den Kulturen zur Verfügung. Im Sommer bietet sich Alexandrinerklee für eine kurzfristige Gründüngung an.

So geht's

1. Eine längerfristige Gründüngung dauert mindestens vier Monate bis zu einem Jahr. Die positiven Auswirkungen auf die Bodenqualität überwiegen den langen Zeitraum um ein Vielfaches. Für die längerfristige Gründüngung im Winterhalbjahr bietet sich eine Mischung aus Winterroggen und Wicke im Verhältnis 80:20 an. Die Roggen-Wicken-Mischung kann bis Anfang Dezember im Beet eingesät werden.

   1a Roggen lockert den Boden hervorragend, eine einzige Roggenpflanze bildet ein bis zu 600 km umfangreiches Wurzelwerk.

   1b Die Wicke kann an ihren Wurzeln mithilfe von Knöllchenbakterien Stickstoff aus der Luft binden. Er wird durch die umfangreiche Rotte im Boden der nächsten Kultur zur Verfügung stehen.

2. Die im Herbst gesäte Gründüngung wird im Frühjahr, wenn die Fläche benötigt wird, mit einer Sichel bzw. mit der Sense oder dem Rasenmäher möglichst kurz abgeschnitten.

3. Das Mähgut dient als Mulch für andere, große Kulturen oder wird in den Kompost gegeben. Nach dem Abmähen der oberirdischen Teile der Gründüngungspflanzen werden anschließend die Wurzelteile bei der Bodenlockerung (mittels Grabegabel) in die oberste Bodenschicht mit einem Krail eingearbeitet. So kann das feine Wurzelwerk den Bodenlebewesen für den Humusaufbau zur Verfügung stehen.

SECHSJÄHRIGE FRUCHTFOLGE

—— *Gesundes Beetewechseln*

FRUCHTFOLGE BEDEUTET, DASS AUF DERSELBEN FLÄCHE IM JÄHRLICHEN ODER MEHR-
JÄHRIGEN WECHSEL PFLANZEN ANGEBAUT WERDEN, DIE ZU UNTERSCHIEDLICHEN
PFLANZENFAMILIEN GEHÖREN, DAMIT DER BODEN NICHT ZU STARK AUSGELAUGT WIRD.

Material

Kompost

Saatkartoffeln; alternativ Tomaten, Auberginen, Paprika

Gründüngerpflanzen, z. B. Kleearten, Roggen, Wicke

Starkzehrer, z. B. Kartoffeln,
Tomaten, Auberginen, Paprika,
Kohl oder Lauch

Mittelzehrer, z. B. Salate, Möhren,
Rote Bete, Pastinaken oder
Petersilienwurzel

Schwachzehrer, z. B. Feldsalat,
Spinat oder andere kurze
Gemüsekulturen wie
Radieschen und Kresse

Blüten- oder Kräuter-
pflanzen, z. B. Borretsch,
Basilikum und Dill

Werkzeug

Blatthacke, Grabegabel, Krail,
Rechen

Spaten, Pflanzschaufel

Sichel oder Rasenmäher

So geht's

Vorab: Bringen Sie mit der Bodenbearbeitung
eine große Menge guten Kompost in das Gartenbeet mit ein (siehe S. 47): bei Schwach-
zehrern eine Schicht von ca. 1 cm feinem, reifem Kompost ausbringen, bei Mittelzehrern
etwa 2 bis 3 cm reifen, ungesiebten Kompost,
Starkzehrer erhalten 5 bis 8 cm fast verrotte-
ten Kompost.
Die geplante Fruchtfolge sollte immer mit einer Gründüngung, z. B. mit ein- oder mehr-
jährigen Kleearten, Roggen, Wicken oder anderen Leguminosen begonnen und beendet
werden.

1. Jahr: Pflanzen Sie im ersten Jahr nach der Gründüngung Kartoffeln oder eine andere starkzehrende Kultur wie Tomaten, Auberginen, Paprika. Bringen Sie mit der Pflanzung eine große Menge guten Kompost oberflächig aus. Im Sommer können Sie nach den Kartoffeln auf dieses Beet Feldsalat oder Spinat setzen.

2. Jahr: Bauen Sie im zweiten Jahr auf diesem Beet nochmals starkzehrende Kulturen wie Kohl oder Lauch an und bringen Sie dazu eine gute Menge Kompost aus. Der Kohl kann bereits im Herbst geerntet werden oder über den Winter stehen bleiben. Am Ende des zweiten Jahres können Sie dem Kohl eine Überwinterungsansaat mit einer Winterroggen-Winterwicken-Mischung als Gründüngung folgen lassen.

3. Jahr: Im dritten Jahr können Sie auf diesem Beet mittelzehrende Wurzelgemüse säen, z. B. Möhren, Rote Bete, Pastinaken oder Petersilienwurzel. Die eventuelle Gründüngung des Vorjahres müssen Sie frühzeitig, je nach Witterungsverlauf Anfang bis Mitte März, vom Beet nehmen. Die oberirdischen Pflanzenteile kommen in den Kompost, die Wurzeln verbleiben als Stickstofflieferanten im Boden.

4. Jahr: Stärken Sie im Frühjahr des vierten Jahres den Boden dieses Beetes mit reifem Kompost und bauen Sie anschließend im Wechsel immer wieder Schwachzehrer wie Salate oder andere kurze Gemüsekulturen wie Radieschen und Kresse an.

5. Jahr: Unterstützen Sie im fünften Jahr die Bodenfruchtbarkeit durch Blüten- oder Kräuterpflanzen, z. B. Borretsch, Basilikum und Dill.

6. Jahr: Gründüngung, z. B. mit Weiß- oder Rotklee. Der Klee wird danach abgemäht und zum Mulchen verwendet. Er kann auch zerkleinert auf den Kompost gegeben werden.

Fruchtfolge-Regeln

– Der Boden erholt sich je nach Pflanzenfamilie unterschiedlich lange. Vertreter aus der gleichen Pflanzenfamilie sollten etwa nach drei Jahren erst wieder auf das gleiche Beet gepflanzt werden. Berücksichtigen Sie dies bei Ihrer Fruchtfolgeplanung im neuen Gartenjahr. Beispielsweise dürfen Kreuzblütler nacheinander im selben Beet nur alle fünf Jahre angepflanzt werden. Am besten machen Sie sich eine Skizze oder eine Tabelle mit den einzelnen Beeten Ihres Gartens und tragen dort die geplanten Kulturen ein. Bewahren Sie die Kalenderjahre gut auf, sie dienen als Grundlage für die Anbauplanung in den Folgejahren.

– Man unterscheidet in der Fruchtfolge starkzehrende, mittelzehrende, schwachzehrende und bodenschonende Kulturen. Nach einer Gründüngung (siehe S. 52/53) werden grundsätzlich zuerst starkzehrende Gemüse gepflanzt. Sie schätzen den gut gedüngten, „ausgeruhten" Boden. Zu den Starkzehrern zählen beispielsweise Paprika, Kohl, Lauch, Kartoffeln, Tomaten, Auberginen, Fenchel und Mais. Sie benötigen einen stickstoffreichen Boden. Dies wird durch eine Gründüngung mit Leguminosen erreicht.

– Zu den bodenschonenden bzw. schwachzehrenden Kulturen zählen Kräuter wie Borretsch, Basilikum und Dill, die unter natürlichen Bedingungen auf mageren, nährstoffarmen oder trockenen Standorten zu finden sind. Auch Leguminosen wie Bohnen und Erbsen sowie Erdbeeren und Blumen sind schwachzehrende Kulturen. Mittelzehrende Kulturen liegen zwischen diesen beiden Extremen. Dazu zählen z. B. Spinat, Zwiebeln, Salate, Möhren, Rote Bete, Pastinaken.

LIEBEVOLLE BODENPFLEGE

Hacken, jäten, mulchen

[1a]

[2a]

Durch Schlagregen können Böden verkrusten und verschlämmen. Den Pflanzenwurzeln und dem sie umgebenden Bodenleben, wie Regenwürmern, nützlichen Bakterien und Pilzen, fehlt dann lebenswichtiger Sauerstoff zum Atmen. Durch regelmäßiges Hacken werden die natürlichen Nährstoffquellen des Bodens aktiviert und pflanzenverfügbarer Stickstoff durch mikrobielle Prozesse freigesetzt. Ein verkrusteter Boden ist außerdem nicht mehr in der Lage, Regenwasser ausreichend aufzunehmen. Ein durch Hacken gelockerter Boden kann Regenwasser wieder bis in tiefere Schichten leiten.

[3a]

HACKEN

—— *Die Gießkanne des Gärtners*

HACKEN IST EINE WICHTIGE TÄTIGKEIT IM GARTEN, DIE PFLANZEN IN IHREM GESUNDEN WACHSTUM ZU UNTERSTÜTZEN. ES ERSETZT GIESSEN, DÜNGT DEN BODEN UND BE-KÄMPFT UNERWÜNSCHTE UNKRÄUTER SOWIE SCHÄDLINGE.

Material und Werkzeug

Pendelhacke

Blatthacke

Sauzahn

TIPP | Regelmäßiges Harken be-kämpft frühzeitig Samenunkräuter (Ehrenpreis, Garten-Melde, Vogel-miere) und hindert sie, neue Samen auszubilden. Die Pflanzen werden mit kleinen Erdresten an den Wur-zeln herausgehackt, sie vertrocknen so schneller als mit großen Erd-klumpen. Achten Sie auf das flache Hacken, damit tiefer im Boden lie-gende Samenunkräuter nicht an die Oberfläche gelangen und dort kei-men. Nach dem Hacken kann sofort gemulcht werden (siehe S. 105).

So geht's

1. Ein zu feuchter Boden wird am besten morgens gehackt. Entspre-chend wird ein zu trockener Boden abends gehackt, damit die Feuchtigkeit aus der Umgebung in den Boden einziehen kann. Grundsätzlich sollte nur flach gehackt werden, d. h. maximal 2 cm tief. So entsteht eine lockere Schicht, die die Feuchtigkeit regu-liert.

1a Für ein langes, ermüdungsfreies Hacken in aufrechter Haltung empfiehlt sich eine Pendelhacke mit einem langen, ovalen Stiel. Ein ovaler Stiel benötigt bei einer seitlichen Pendelhackenführung bedeutend weniger Kraft als ein üblicher runder Stiel. Die Pendel-hacke ist für jede Bodenart und alle Pflanzenkulturen geeignet. Das leicht gebogene Messer der Pendelhacke befindet sich wäh-rend des Arbeitens im Unterschied zu herkömmlichen Hackgerä-ten permanent im Boden. Das allseits geschliffene Messerband ermöglicht nahe an den Pflanzen zu hacken, ohne sie zu beschädi-gen.

2. Das Hacken sollte regelmäßig erfolgen, vor allem auch nach Re-genfällen, wenn der Boden wieder etwas abgetrocknet ist. Regel-mäßiges Hacken im Keimstadium der Unkräuter erleichtert auch das spätere Jäten.

2a Die Blatthacke mit ihrer speziellen Hackblattstellung ermög-licht ein genaues, ziehendes Hacken in aufrechter Arbeitshaltung in maximal 2 cm Bodentiefe.

3. Für eine tiefgründige Bodenlockerung, beispielsweise bei Wurzel-gemüse, eignet sich ein Sauzahn.

3a Der Sauzahn lockert die Erde mit wenig Kraftaufwand bis zu 20 cm Tiefe, ohne die natürliche Bodenschichtung zu zerstören. Der Stiel sollte leicht gebogen sein, mit der Krümmung nach un-ten. Ein zusätzlicher Handgriff am Stiel erleichtert das Arbeiten.

[1a]

[2a]

[3.]

UNKRAUT JÄTEN
—— *Praktische Werkzeuge*

UNKRÄUTER BEDÜRFEN GEEIGNETER METHODEN, UM SIE ERFOLGREICH AUS DEN BEE-
TEN FERNZUHALTEN. RICHTET MAN SICH BEIM JÄTEN NACH IHREN EIGENARTEN, WIRD
ES EINE BEFRIEDIGENDE UND SCHÖNE TÄTIGKEIT.

Werkzeuge
Distelstecher
Messer
Jätetelefon

So geht's

1. Um Unkräuter effizient im Gartenbeet zu entfernen, sollte man wissen, dass es tief wurzelnde und flach wurzelnde Arten gibt. Tiefwurzler erkennt man an dem tief in den Boden reichenden Wurzelwerk. Daraus kann die Pflanze auch nach flachem oberirdischen Abschneiden wieder neu austreiben. Zu ihnen gehören beispielsweise Disteln, Winden und Löwenzahn. Je tiefer bei Tiefwurzlern die Wurzeln entfernt werden können, desto dauerhafter ist ihre Bekämpfung.

   1a Ein hilfreiches Gartengerät bei der Bekämpfung von tief wurzelnden Unkräutern ist der sogenannte Distelstecher. Mit ihm kann man die Wurzeln viel tiefer herausziehen, als dies mit der Hand möglich wäre. Man sticht seitlich leicht schräg und möglichst tief unter die Pflanze, damit man anschließend die Wurzeln entsprechend tief genug ausgraben kann.

2. Bei flach wurzelnden Unkräutern ist kein tiefes Stechen nötig. Man erkennt sie am büscheligen Wurzelwerk. Flachwurzler sind beispielsweise Portulak, Hirse und Vogelmiere. Der Vegetationspunkt, also die Stelle, an der die Pflanze ihr Hauptwachstum fortsetzt, ist im Gegensatz zu den Tiefwurzlern über der Erde.

   2a Zum Entfernen flach wurzelnder Unkräuter genügt es, wenn man mit einem Messer ca. 1 cm unterhalb der oberirdischen Pflanzenteile in die Erde einschneidet, den sogenannten Wurzelhals durchtrennt und das Beikraut mit dem abgeschnittenen Wurzelteil herauszieht.

3. Eine sinnvolle Jäthilfe ist das sogenannte Jättelefon. Damit kann man insbesondere zwischen eng wachsenden Kulturen junge Unkräuter rasch und relativ mühelos entfernen. Am besten arbeitet man das Beet am Morgen eines sonnigen Tages mit der Jäthilfe durch. Anschließend lässt man das junge Unkraut, möglichst ohne Wurzeln, als Mulch an der Oberfläche liegen.

[1.]

[2.]

In der Natur gibt es fast keinen unbedeckten, „nackten" Boden. Der Boden und die Bodenlebewesen sind immer von einem organischen Schutzmantel, wie einer Laub- oder Pflanzenschicht umhüllt. Die Pflanzendecke beschattet den Boden und aktiviert u. a. die Bodenorganismen.

[3.]

MULCHEN

—— *Pflegender Schutzmantel*

MULCHEN BEDEUTET DEN UNBEWACHSENEN GARTENBODEN MIT ORGANISCHEM MATERIAL ZU BEDECKEN. MULCHEN SCHÜTZT, PFLEGT, VERBESSERT DEN BODEN UND FÖRDERT DAS BODENLEBEN.

Material und Werkzeug

vielfältiges, zerkleinertes organisches Material, z. B. Rasenschnitt, Laub, zerkleinerte Unkräuter vor der Samenbildung (!), grob zerkleinerte Brennnesseln und Beinwellblätter, abgemähte Gründüngungspflanzen oder gehäckseltes Stroh

Grabegabel oder Krail

So geht's

1. Zerkleinerte, frische, grüne Pflanzenteile sind zur Bodenverbesserung gut geeignet. Vor allem leicht angewelkter Rasenschnitt, der in den meisten Gärten reichlich anfällt, eignet sich in nicht allzu dicker Lage von 3 bis 4 cm hervorragend zum Mulchen. In der Vegetationszeit wird das Mulchmaterial von den Bodenorganismen gut und schnell verarbeitet. Gröberes Material dient vorrangig dem Schutz des Bodens.

2. Rund um die Pflanze bleibt etwas Platz, damit die Feuchtigkeit beim Gießen an die Pflanze gelangt.

3. Ist die Schicht durch die Verdauungsprozesse des Bodens weniger geworden, kann immer wieder mit frischem Grün nachgelegt werden. Vor einer neuen Mulchschicht oder nach dem Winter sollten Sie die Mulchreste mit einer Grabegabel oder dem Krail in den Boden einarbeiten.

Vorteile vom Mulchen

- Die Bodenoberfläche wird vor Nährstoffauswaschungen und Frost geschützt.

- Austrocknung und Verdunstung werden vermindert, sodass auch das Wasser im Boden bleibt und sich der Gießaufwand reduziert.

- Bodenorganismen können, da der Boden nicht austrocknet, bis in die oberste Schicht aktiv sein. Dadurch bleibt der Boden locker.

- Unkräuter werden durch die Mulchschicht unterdrückt bzw. sitzen lockerer und lassen sich leichter entfernen.

- Der Boden wird mit organischer Substanz angereichert, die in Humus umgewandelt wird, und so auf natürliche Weise gedüngt. Eine regelmäßige Kompostgabe ist neben dem Mulchen zur dauerhaften Bodenverbesserung jedoch unabdingbar.

63

PFLANZEN SCHÜTZEN

—— *und stärken*

BRENNNESSEL-BRÜHE

—— *Gegen Läusebefall*

DER BRENNNESSEL-KALTAUSZUG IST EIN KLASSIKER UND EIN LEICHT SELBST HER-
ZUSTELLENDES MITTEL GEGEN LÄUSEBEFALL. ER KRÄFTIGT DIE BEFALLENE PFLANZE
UND STÄRKT SO AKTIV IHRE WIDERSTANDSKRAFT.

Material und Werkzeug

frische Brennnesseln vor der Blütezeit (Juli bis Oktober)

Gartenschere

Gefäß mit Deckel

ggf. Handschuhe

Sieb oder Damenstrumpf

Eimer

Wasser

Gerät zum Ausbringen (z. B. Drucksprüher oder Rücken-spritze)

So geht's

1. Es werden frische, nicht blühende Brennnesseln klein geschnit-ten, etwas gestampft und in ein Gefäß mit Deckel gegeben. Der Kaltauszug funktioniert nicht mit getrockneten Brennnesseln, da der Kieselsäureanteil zu gering ist! Die Menge der Brennnesseln richtet sich nach der Anzahl der zu behandelnden Pflanzen (Ver-hältnis 1 kg frische Brennnesseln auf 10 l Wasser).

2. Anschließend werden die Brennnesseln komplett mit kaltem Was-ser bedeckt ...

3. ... und mit dem Deckel vor Fliegen etc. geschützt.

4. Nach etwa 24 Stunden wird das Brennnesselwasser abgeseiht, als „Sieb" kann ein einfacher Damenstrumpf dienen.
Die Pflanzenreste werden zerkleinert in den Kompost gegeben und die befallenen Pflanzen tropfnass mit dem Kaltauszug einge-sprüht. Vergessen Sie die Blattunterseiten nicht!

WICHTIG | Der Brennnessel-Kalt-auszug muss immer frisch angesetzt werden. Er kann nicht auf Vorrat zu-bereitet werden. Übrig gebliebene Reste der Flüssigkeit können leicht zu einer Jauche umfunktioniert werden, um die Pflanzen zu düngen, S. 69.

INTERESSANT | BRENNNESSELN FÜR SCHMETTERLINGE Damit Sie bei Läusebefall stets zeitnah reagieren können, empfiehlt es sich, einige Bren-nesseln zu kultivieren. Gleichzeitig unterstützen Sie damit wichtige tierische Helfer im Garten. Denn Brennnesseln sind vorrangige Nahrungs- und Quar-tierpflanzen für viele Schmetterlinge und deren Raupen, wie Admiral, Distel-falter, Kleiner Fuchs etc.

[1.]

[2.]

[3.]

Die aus den Brennnesseln gelöste Kieselsäure vertreibt die Läuse, ohne sie zu töten. Die Pflanze wird jedoch nicht komplett „lausfrei". Dies ist und sollte im biologischen Garten auch nicht unser Ziel sein. Bei der Anwendung geht es gleichzeitig darum, den pflanzeneigenen Schutz zu fördern.

[4.]

[1a]

[3.]

Eine Brennnessel-Jauche kann zusätzlich mit Beinwell ergänzt werden. Sie vereinigt die aufbauenden Wirkungen zweier Heilpflanzen und ist hervorragend für die Pflanzenstärkung geeignet. Sie enthält große Mengen an Stickstoff sowie Kalium, Phosphor und Spurenelemente. Für die Herstellung werden Beinwell und Brennnesseln zerkleinert und die Flüssigkeit wie bei der Brennnessel-Jauche in einem Gefäß mit Deckel angesetzt.

[2a]

[4.]

BRENNNESSEL-JAUCHE

Pflanzen düngen Pflanzen

DIE BRENNNESSEL-JAUCHE DIENT DURCH IHRE DÜNGENDE WIRKUNG DEM VORBEU-GENDEN PFLANZENSCHUTZ. EBENSO IST SIE EIN MILDER STICKSTOFFDÜNGER. MAN KANN SIE LEICHT SELBST ZUBEREITEN.

Material und Werkzeug

frische Brennnesseln vor der Blütezeit (Juli bis Oktober) oder getrocknete Pflanzen (200 g auf 10 l Wasser)

ggf. Handschuhe

Gärtopf

Gartenschere

Gesteinsmehl; 50 g pro Liter

Eimer

Sieb oder einfacher Damenstrumpf

Holzstab o. Ä.

Gießkanne

WICHTIG | Bringen Sie die Jauche am besten an bedeckten Tagen aus und begießen Sie nicht die erntereifen Blätter, damit die Pflanzen keine Verbrennungen erleiden. Achten Sie darauf, dass die Konzentration nicht zu stark ist, da die Pflanzen sonst Schaden nehmen können.

So geht's

1. Der Jaucheansatz ist in den Zubereitungsschritten 1 bis 3 identisch wie die Herstellung von Brennnessel-Brühe. Sie können auch die nicht verbrauchten Reste des Kaltauszuges von Seite 66 mit verwenden. Anschließend muss die Flüssigkeit einem Gärprozess unterworfen werden, der etwa zwei Wochen dauert. Durch diesen Gärprozess wird der Stickstoff aus den Brennnesseln pflanzenverfügbar gemacht. Deshalb können bei der Jauche, im Gegensatz zum Kaltauszug, auch getrocknete Pflanzen verwendet werden.

1a Der Gärtopf ist das beste Gefäß für die Jaucheherstellung. Er bietet Sonnenschutz, Luftabschluss und lässt die Gärgase entweichen. Achten Sie darauf, dass Sie das Gefäß maximal vier Fünftel befüllen, da die Jauche während des Gärprozesses zu schäumen beginnt.

2. Rühren Sie die Flüssigkeit möglichst täglich kräftig um, damit die Sauerstoffzufuhr für den Gärprozess gewährleistet ist. Ein Platz an der Sonne unterstützt den Prozess zusätzlich. Die Brühe stinkt zu Beginn, der Geruch lässt jedoch im Laufe des Gärprozesses nach. Etwa 14 Tage später ist die Brennnessel-Jauche fertig. Die Flüssigkeit ist nun dunkel verfärbt und schäumt nicht mehr.

2a Die Blätter und Stängelteile werden ausgesiebt und kommen zerkleinert in den Kompost.

3. Der abgesiebten Jauche wird Gesteinsmehl hinzugefügt, ca. 50 g pro Liter. Anschließend wird das Ganze ausgiebig gerührt, damit nochmals Luft hinzutreten kann.

4. Die Jauche wird mit Wasser im Verhältnis 1:10 (bei empfindlichen Pflanzen bis 1:20) verdünnt und im Wurzelbereich der Pflanzen auf den Boden gegossen. Am besten auf bereits feuchte Erde. Bei länger stehenden Kulturen wird die verdünnte Jauche während der Hauptwachstumszeit im Abstand von etwa 14 Tagen ausgebracht, bei kurzen Kulturen nur einmal.

[1.]

Marienkäfer und deren Larven halten neben Blattläusen (Bild) auch Schildläuse, Spinnmilben und Mehltaupilze in Schach. Sie überwintern gerne unter einer Laubdecke und dicken Grasschichten.

[2.]

[3.]

[4.]

[5.]

SCHÄDLINGE

Unliebsame Gäste im Garten

BLATTLÄUSE, RAUPEN, SCHNECKEN UND FLIEGEN SIND UNGEBETENE GÄSTE IM GARTENBEET. SIE ZU ERKENNEN, HILFT UNS DIE UNLIEBSAMEN MITESSER FRÜHZEITIG ZU BEKÄMPFEN.

Blattläuse [1.]

Aussehen: Pflanzensaugende Insekten von wenigen Millimetern Größe. Es gibt ungeflügelte als auch beflügelte Arten. **Vorkommen:** Vor allem auf aromatischen Pflanzen wie Bohnenkraut, Kapuzinerkresse, Lavendel usw. **Pflanzenschäden:** Nährstoffentzug durch Aussaugen. Befallene Blätter kräuseln sich, schwellen blasig an oder rollen sich ein. **Vorbeugen:** Förderung und Einsatz von Nützlingen (Florfliege, Marienkäfer). **Bekämpfen:** Befallene Blätter mit Brennnesselauszug, Seifenlauge oder Wasser abspritzen.

Kartoffelkäfer [2.]

Aussehen: Gelblich rot mit schwarzen Streifen und Flecken; ca. 8 bis 15 mm groß. **Vorkommen:** Schwerpunktmäßig auf Kartoffeln. **Pflanzenschäden:** Rascher Loch- bis Kahlfraß. Besonders die Larven sind sehr gefräßig. **Vorbeugen:** Schwierig! Resistente Sorten helfen, verhindern aber einen Befall nur selten. Insektenschutznetze verwenden. **Bekämpfen:** Regelmäßiges Absammeln (auch die rötlichen Larven und Eigelege, siehe Abbildung).

Erdfloh [3.]

Aussehen: Sehr bewegliche, dunkle Käfer; etwa 4 mm groß. **Vorkommen:** Sehr oft an Radieschen, Kohlarten und anderen Lippenblütlern. **Pflanzenschäden:** Zahllose rundliche Blattlöcher (Fensterfraß) mit oft letaler Wirkung bei Jungpflanzen. **Vorbeugen:** Wasserdurstige Mischkulturen. **Bekämpfen:** Regelmäßig gießen, hacken, mulchen, um genügend Feuchtigkeit zu binden. Insektenschutznetze verwenden.

Nacktschnecke [4.]

Vorkommen: Besonders an jungen Pflanzen und zartem Austrieb bei feuchter Witterung. **Pflanzenschäden:** Loch- und Kahlfraß, zudem glänzende Schleimspuren mit teils letaler Wirkung. **Vorbeugen:** Frühmorgens gießen, Nützlinge (Igel, Kröten, Spitzmäuse) fördern, Schneckenzäune aufstellen, für luftigen Boden sorgen, gute Humuswirtschaft, Hornkiesel-Präparat ausbringen, 50 cm breite Barriere aus Senfarten um das Beet pflanzen. **Bekämpfen:** Regelmäßiges Absammeln.

Lauchmotte [5.]

Aussehen: Die Raupen sind gelblich grün mit schwarzen Punkten und braunem Kopf; ausgewachsen etwa 1–2 cm lang. **Vorkommen:** Zwiebeln, Lauch/Porree, Schnittlauch, Knoblauch. **Pflanzenschäden:** Fraßgänge in den Blättern, vertrocknete Blattspitzen, Lochfraß. Verlust an Blattmasse und Vitalität. **Vorbeugen:** Größtmögliche Abstände zu Vorjahresflächen mit Gemüse aus der Pflanzenfamilie der Zwiebelgewächse einhalten. **Bekämpfen:** Nützlinge, speziell Schlupfwespen. Insektenschutznetze verwenden.

AKTIVER SCHUTZ MIT NETZEN

Gegen Lauchmotten und Möhrenfliegen

EIN WIRKSAMES MITTEL LAUCH, KOHL UND MÖHREN GEGEN SCHÄDLICHE INSEKTEN ZU SCHÜTZEN SIND SOGENANNTE INSEKTENSCHUTZNETZE AUS DEM HANDEL, DIE LEICHT AUFGESPANNT WERDEN KÖNNEN.

Material und Werkzeug

Blatthacke

Grabegabel

Rasenmulch

Insektenschutznetz

große Steine

So geht's

1. Für den Einsatz des Insektenschutznetzes wird zuerst der Boden um die Pflanzen herum gehackt und die Unkräuter entfernt.

2. Anschließend erhalten die Kulturen eine üppige Mulchschicht mit Rasenschnitt (in regelmäßigen Abständen von etwa vier Wochen). Der Rasenschnitt fällt schnell zusammen und ist eine hervorragende Nahrung für wichtige Bodenlebewesen, siehe auch S. 63

3. Nach dem Mulchen werden die Pflanzen mit dem sehr engmaschigen Insektenschutznetz, durch das der Regen aber gut hindurchdringen kann, lose bedeckt. Achten Sie darauf, dass die Pflanzen noch genug Platz nach oben zum Wachsen haben. Gleichzeitig muss das Netz am Boden so befestigt werden, dass keine Schädlinge eindringen können. Dazu wird das Netz an den Rändern beispielsweise mit großen Steinen beschwert. Beim Hacken oder Mulchen sollten Sie das Netz möglichst schnell wieder schließen, damit keine Insekten einfliegen können. Sie können das Netz sofort nach der Pflanzung auflegen und es bis zur Ernte über den Kulturen liegen lassen.

INTERESSANT | DIE LAUCHMOTTE Der Hochsommer ist die Zeit der Lauchmotte. Die Larven des nachtaktiven Falters entwickeln dann geradezu einen Heißhunger auf Lauch und fallen über die Pflanzen her. Die Larven beginnen an der Spitze der Blätter und arbeiten sich immer weiter ins Innere vor. Dabei hinterlassen sie einen Pilz, der das Gemüse letztlich zerstört.

Maulwurfsgrillen, auch unter dem Namen Werren, Halbteufel (Schweiz) oder Zwergel bekannt, sind beinahe urzeitlich anmutende Verwandte der Heuschrecken. Sie können bis zu 7 cm lang werden, sind nachtaktiv und verbringen die meiste Zeit unter der Erde. Da sie lockere, kultivierte Böden beim Anlegen ihrer Tunnelsysteme bevorzugen, verwüsten sie oft frisch angelegte Gemüsebeete, denn sie schieben beim Graben die jungen Keimlinge aus dem Boden.

[1.]

[2.]

[3.]

[4.]

[5.]

MAULWURFSGRILLEN-FALLE

—— *Jungpflanzen beschützen*

EIN HILFREICHES MITTEL, UM JUNGPFLANZEN VOR MAULWURFSGRILLEN ZU SCHÜTZEN, IST EINE SOGENANNTE WERRENFALLE. SIE WURDE VON MEINEM VATER ENTWICKELT UND IST SEHR EFFEKTIV HERZUSTELLEN.

Material und Werkzeug

Grabvase

Spaten

Blumentopf, bevorzugt aus Ton (2 cm im Durchmesser größer wie die Grabvase), ggf. Plastik

feuchter Kuhmist, nicht verrottet

kleiner Löffel mit langem Stiel, z. B. Latte-macchiato-Löffel

ggf. 2 Schraubenzieher

So geht's

1. Die Maulwurfsgrille bewegt sich grundsätzlich etwa 1 bis 2 cm unterhalb der Erdoberfläche. Deshalb muss die Grabvase etwas tiefer, also etwa 3 cm unterhalb der Erdoberfläche, eingegraben werden. Graben Sie mit dem Spaten ein entsprechendes Loch für die Vase und stellen Sie diese hinein.
Beim anschließenden Anfüllen der Erde um die Grabvase herum decken Sie die Vasenöffnung am besten mit der Hand ab, damit keine Erde in die Vase fällt. In die Grabvase gefallene Erde wird mit einem langstieligen Löffel entfernt.

2. Der Blumentopf wird nun mit dem Kuhmist, der als Lockmittel für die Maulwurfsgrille dient, gefüllt. Dazu muss der Mist noch ausreichend feucht und klebrig sein.

3. Um die Falle scharf zu machen, wird der gefüllte Blumentopf mit der Öffnung nach unten exakt auf die Vase gestellt. Zwischen der im Boden eingegrabenen Vase und dem darübersitzenden Topf muss ein Abstand von etwa 2 cm sein.

4. Wenn der Mist beim Bau nicht gut im Topf hält, weil er zu feucht ist oder Sie anstelle eines Tontopfs nur einen Plastiktopf haben (ein Tontopf kann die Feuchtigkeit besser aufsaugen und hat eine weniger glatte Oberfläche), können Sie zwei kleine Schraubenzieher am oberen Ende des unteren Drittels von zwei gegenüberliegenden Seiten in den Blumentopf stecken. Die Schraubenzieher halten den Mist und verhindern, dass er auf die Grabvase sinkt. Würde er auf die Grabvase sinken und die Maulwurfsgrille anschließend im Mist scharren, wäre die Falle nicht mehr aktiv, denn die Werre könnte aus der vollen Vase wieder herauskrabbeln.

5. Die Maulwurfsgrille wird von den Duftstoffen des Mists angelockt, krabbelt unterirdisch in den Topf, fängt dort an zu graben und fällt, weil der Boden nachgibt, in die Vase hinein. Achten Sie deshalb darauf, dass Sie den Mist nicht zu fest andrücken. Am nächsten Tag können Sie die Werre aus der Vase herausholen.

NÜTZLICHE INSEKTEN

Die Natur im eigenen Garten

[1.]

Wildbienen bewohnen norma-
lerweise offene, sandige und
gut besonnte Bodenstellen,
sie nisten in Totholz, hohlen
Pflanzenstängeln, Fels- und
Mauerspalten oder leeren
Schneckenhäusern.

[2.]

UNTERKÜNFTE BAUEN

—— *Für Wildbienen*

UM DIE BEDROHTEN WILDBIENEN IM EIGENEN GARTEN ZU SCHÜTZEN UND ZU FÖRDERN, KÖNNEN WIR IHNEN NISTHILFEN ZUR VERFÜGUNG STELLEN. SIE WERDEN ES UNS MIT DER BESTÄUBUNG DER GARTENPFLANZEN DANKEN.

Unterschlüpfe in Pflanzenstängeln [1.]

Material: Vorzugsweise Stängel von Holunder oder Bambus (aus dem Garten oder Handel) zwischen 2 bis 10 cm Durchmesser und mindestens 6 cm Länge. Zudem eine Gartenschere zum Kürzen der Stängel auf Dosenlänge, eine Dose, reißfeste Schnur oder Draht sowie einen Bohrer für die Löcher (richtet sich nach dem Durchmesser der Pflanzenstängel).

So geht's: Ernten Sie im Herbst dicke Stängel vom Holunder und entfernen Sie Blätter und Seitentriebe. Man lässt sie über Winter etwa drei Monate trocknen, da im Herbst das Mark zum Aufbohren der Löcher noch zu weich ist. Im Frühjahr wird die Dose mit ca. 10 cm langen Pflanzenstängeln mit den Öffnungen nach vorne dicht befüllt. Achten Sie auf saubere Schnittkanten der Pflanzenstängel. Die Bambushalme werden jeweils hinter einem Knoten eingekürzt, so sind sie am Ende verschlossen. Mit einer reißfesten Schnur oder etwas Draht wird die Dose waagerecht im Freien aufgehängt. Immer gut befestigen, damit die Nisthilfe nicht baumelt. Sie können die Stängel auch in Backsteine, Plastikrohre oder Konservendosen stecken (zum Fixieren vorher eine Lehmschicht einfüllen!). Achten Sie darauf, dass die Nisthilfe an einem möglichst sonnigen, regen- und windgeschützten Standort angebracht wird, und belassen Sie Ihre Nisthilfen jahrelang ungestört am gleichen Platz im Freien.

Unterschlüpfe in Holzklötzen [2.]

Material: Gut getrocknetes Hartholz, wie Eiche, Buche, Ahorn oder Kirsche, in beliebiger Form und Größe. Empfehlenswert sind Holzblöcke mit 30 cm Länge und einem Durchmesser ab 20 cm. Bohrer für die Löcher.

So geht's: Bohren Sie in die Holzblöcke Löcher mit unterschiedlicher Tiefe (5 bis 10 cm) und variablem Durchmesser (2 bis 10 mm). Bei breiteren Löchern ab 4 mm Durchmesser sollte der Abstand zwischen den Löchern mindestens 2 cm betragen, damit keine Risse entstehen. Nach dem Bohren werden die Löcher durch Ausklopfen vom Sägemehl befreit, auch hier müssen die Eingänge sauber ohne Fransen und am Ende verschlossen sein. Die fertigen Unterschlüpfe können je nach Größe auf dem Balkon, der Terrasse oder im Garten aufgestellt werden. Auch hier gilt: Die Nisthilfe an einem möglichst sonnigen, regen- und windgeschützten Standort anbringen.

Zu den Nützlingen im Garten zählen neben Bienen: Schwebfliegen, Gallmücken, Florfliegen, Schlupfwespen und Marienkäfer. Sie können einzelne Blühpflanzen direkt ins Gemüsebeet oder an die Ränder setzen.

Bienen-Glück
Einjährige Blühmischung
Nahrung für Bienen, Hummeln und andere Nützlinge

Jede Blüte hilft!

BIENENGLÜCK

Blumenweiden für Insekten

EIN WICHTIGER SCHRITT ZUR ANSIEDLUNG VON NÜTZLICHEN INSEKTEN IST ES, ABWECHSLUNGSREICHE UND BLÜHENDE PFLANZEN ZU KULTIVIEREN. JE MEHR DAVON SIE IN IHREM GARTEN ANPFLANZEN, DESTO MEHR NÜTZLINGE WERDEN SICH EINFINDEN.

Blühender Rahmen

Sehr hübsch sieht es aus, wenn wir an den Rändern unserer Gemüsebeete blühende Nahrungspflanzen für Insekten aussäen:

- Achten Sie bei der Pflanzenwahl darauf, dass Sie möglichst einheimische Arten pflanzen, die zu unterschiedlichen Zeitpunkten im Jahr blühen. Dazu zählen Zwiebelblumen, frühblühende Stauden (z. B. Steinkraut) und Sträucher (z. B. Haselnuss) sowie die noch spät im Jahr blühenden Astern und Anemonen. So können die Nektar saugenden Nützlinge ein lang anhaltendes Nahrungsangebot nutzen.
- Verwenden Sie überwiegend nicht gefüllt blühende Pflanzensorten. Nur sie können als Nahrungsquelle dienen. Bei den gefüllten Blüten wurden die Staubgefäße zu Blütenblättern umgewandelt bzw. umgezüchtet, sodass sie meist weder Pollen noch Nektar tragen. Das gilt besonders für Pflanzen aus der Familie der Korbblütler (Asteraceae) und der Doldenblütler (Apiaceae). Zu den Korbblütlern zählen z. B. Ringelblume (ungefüllte Blüten!), Gänseblümchen, Margerite, Schafgarbe, Kornblume und Sonnenblume. Zur Familie der Doldenblütler gehören die Wilde Möhre sowie viele Gewürz- und Nahrungspflanzen, z. B. Kerbel, Dill, Liebstöckel, Petersilie, Koriander und Fenchel.
- Die Gemüsepflanzen wie Karotten, Pastinaken und Sellerie sind in der Blüte ebenfalls sehr gute Insektenweiden. Da sie aber erst im zweiten Kulturjahr blühen, müssen sie über Winter stehen bleiben oder als Samenträger im zeitigen Frühjahr wieder ins Freie gepflanzt werden. Lassen Sie deshalb für Ihre Nektar saugenden Nützlinge, wenn immer möglich, einzelne Exemplare zur Blüte kommen.
- Im Handel gibt es auch biologisches Saatgut zu erwerben, das alle Anforderungen an eine gute Bienenweide erfüllt. Sie kann im späten Frühjahr in gut vorbereitetem Boden ausgesät werden.

Blumeninseln auf Rasenflächen

Wenn Sie eine größere Rasenfläche im Garten haben, lassen Sie Blumeninseln mit Gänseblümchen, Margeriten usw. stehen. Mit der Zeit gesellen sich vielleicht noch andere blühende Pflanzen, wie der wunderschön blühende Wiesen-Salbei, hinzu. Diese Inseln sind nicht nur eine Augenweide, sondern Sie erhöhen damit gleichzeitig den Anteil der blühenden Pflanzen in Ihrem Garten und somit die Insektennahrung.

[1.]

Wildkräuter/Wildstauden: Färber-Kamille (Blütezeit Juni bis September), Wundklee (Mai bis August), Ochsenauge (Juni bis August), Wiesenschaumkraut (April bis Juni), Wilde Möhre (Juni bis September), Flockenblume (Juni bis September), Hornklee (Mai bis August), Sauerampfer (Mai bis August), Brennnessel (Juni bis September), Königskerze (Juli bis September), Dost (Juli bis September), Nachtkerze (Juni bis September), Wiesenlabkraut (Mai bis September), Habichtskraut (Juni bis September).

[2.]

[3.]

[4.]

[5.]

[6.]

FUTTERBLUMEN

Für den Garten

MIT DER AUSSAAT VON BUNTEN BLUMEN VERSORGEN WIR BIENEN UND VIELE ANDERE INSEKTEN RUND UMS JAHR MIT NAHRUNG. DAFÜR TRAGEN SIE ZUR SICHERUNG UNSERER EIGENEN LEBENSMITTEL BEI.

Sonnenblume [1.]

Pflanzenfamilie: Korbblütler. **Aussehen:** Einjährige Pflanze, die bis zu 2 m hoch wird. **Blüte:** Leuchtende, große Blütenköpfe mit grüner bis brauner Mitte und großen gelben Blütenblättern. **Blütezeit:** Juli bis Oktober. **Aussaat:** Direktsaat April bis Anfang Juli. Samt sich leicht selbst aus. **Nutzen:** Nektarlieferant für Nützlinge, Nahrung für Vögel (Samen).

Ringelblume [2.]

Pflanzenfamilie: Korbblütler. **Aussehen:** Einjährige Pflanze, die bis zu 60 cm hoch wird. **Blüte:** Orange, teilweise auch gelb. **Blütezeit:** Juni bis Oktober. **Aussaat:** Direktsaat von März bis August. Samt sich im nächsten Jahr wieder leicht selbst aus. **Nutzen:** Futterpflanze, insbesondere für Schwebfliegen.

Klatschmohn [3.]

Pflanzenfamilie: Mohngewächse. **Aussehen:** Ein- bis mehrjährige Pflanze, die bis zu 60 cm hoch wird. **Blüte:** Rot. **Blütezeit:** Mai bis August. **Aussaat:** Direktsaat von März bis Mai. **Nutzen:** Pollenblume, bis zu 2,6 Millionen Pollen pro Blüte. Liefert Eiweiß, Fett, Kohlenhydrate. Als Lock- und Nahrungsmittel für Insekten mit beißenden Mundwerkzeugen, auch für Wildbienenarten. Die Pflanze bildet viele Samen.

Moschus-Malve [4.]

Pflanzenfamilie: Malvengewächse. **Aussehen:** 20 bis 80 cm hoch. **Blüte:** Hellrosa bis weiß, duften schwach nach Moschus. **Blütezeit:** Juni bis Oktober. **Aussaat:** Ab April im Freiland. **Nutzen:** Insekten- und Bienenweide.

Kornblume [5.]

Pflanzenfamilie: Korbblütler. **Aussehen:** Einjährige Pflanze, die 50 bis 90 cm hoch wird. **Blüte:** Meist blaue Blüten. Auch Sorten in Weiß, Rosa, Violett. **Blütezeit:** Juni bis September. **Aussaat:** Direktsaat von März bis Juni. Oder im September für die nächste Gartensaison. **Nutzen:** Nektarpflanze, insbesondere auch für Bienen, da die Blüten/Nektar einen sehr hohen Zuckergehalt aufweisen. Futterpflanze für Schmetterlinge.

Inkarnatklee [6.]

Pflanzenfamilie: Schmetterlingsblütler. **Aussehen:** In der Regel einjährige Pflanze, die 20 bis 50 cm hoch wird. Sie ist schnellwüchsig mit weitverbreitetem Wurzelsystem. **Blüte:** Blütenköpfchen mit leuchtend roten Blüten. **Blütezeit:** Juni bis August. **Aussaat:** März bis September. **Nutzen:** Wichtige Nahrungsquelle (Trachtpflanze) für Bienen.

VON FRÜHLING

—— bis Winter

[1.]

[2.]

[3.]

Im Winter kann das Frühbeet für die Lagerung von Wurzelgemüse verwendet werden. Auch lassen sich Winterkulturen wie Feldsalat darin anbauen und ernten.

[4.]

FRÜHBEET ANLEGEN

Warme Füße für junge Pflanzen

EIN FRÜHBEET IST FÜR JEDEN GARTEN NÜTZLICH. IN IHM KANN MAN FRÜHE UND KÄLTEEMPFINDLICHE JUNGPFLANZEN HERANZIEHEN.

Material und Werkzeug

Wanderkasten

Beethacke

Spaten

Grabegabel

Pflanzschnur

Pferdemist

Maschendraht

Gießkanne

Laub

Schilf-, Strohmatten oder Jute

stabile Kanthölzer

Fensterscheiben

WICHTIG | Das Frühbeet sollte an einem möglichst sonnigen Standort im Garten aufgebaut werden. Achten Sie beim Aufstellen des schrägen Rahmens darauf, dass die tiefere Seite möglichst nach Süden zeigt. So können die ersten Sonnenstrahlen den Kasten schneller erwärmen und bereits ab Februar Radieschen sowie Kresse eingesät werden.

So geht's

1. Im Handel gibt es sogenannte Wanderkästen fertig zu kaufen, die überall dort platziert werden, wo sie benötigt werden. Wenn die Temperaturen es erlauben, können die Rahmen dann einfach entfernt werden und die Pflanzen müssen nicht versetzt werden. Für die Anlage des Frühbeetes wird die vorgesehene Fläche zunächst nach gewünschter Größe mit einer Pflanzschnur o. Ä. abgesteckt und ggf. von der Grasnarbe befreit.

2. Dann wird der Gartenboden etwa 40 cm tief ausgehoben.

3. Als nächstes wird mit Pferdemist aufgefüllt (bei Wühlmausgefahr die ausgehobene Grube zusätzlich mit Maschendraht aus dem Handel auslegen). Der Pferdemist muss gut gewässert und gestampft werden, damit die Mikroorganismen aktiv werden können. Auf die Lage Pferdemist folgt nun eine dünne Schicht Laub von etwa 5 cm Stärke. Die dritte Lage bildet abschließend eine 20 bis 50 cm hohe Schicht mit Gartenerde. Dann muss nochmals angegossen werden. Geben Sie dem frisch angelegten Frühbeet einige Tage Zeit, damit sich die Verrottungswärme des Pferdemists entfalten kann und Ihre Saat bzw. Ihre Pflänzchen beim Einsetzen sofort einen warmen Fuß bekommen.

4. In kalten Nächten sollten Sie Ihr Frühbeet zusätzlich mit einer Abdeckung, z. B. Schilf- oder Strohmatte, schützen. Steigen die Außentemperaturen dann langsam an, muss auf tägliches Lüften mit Hilfe eines stabilen Kantholzes geachtet werden. Durch das Lüften werden die jungen Pflanzen langsam abgehärtet und ein Hitzestau bei starker Sonneneinstrahlung vermieden. Bei zu starker Sonneneinstrahlung sollten die Fensterscheiben mit Jute bedeckt werden, damit die zarten Blätter der Pflanzen nicht von der Sonne verbrannt werden.

[1.]

[2.]

[3.]

TOMATEN

Gute Pflege und Erziehung

WILL MAN BEI TOMATEN EINE GUTE ERNTE ERZIELEN, BENÖTIGEN SIE WÄHREND DES WACHSTUMS ZUSÄTZLICHE UNTERSTÜTZUNG. TOMATENPFLANZEN MÜSSEN U. A. REGELMÄSSIG AUSGEGEIZT WERDEN, UM AUSREICHEND FRÜCHTE ZU ENTWICKELN.

Ausgeizen [1.]

Tomatenpflanzen neigen zu starker Triebbildung, vor allem in den Seiten. An fast allen Blattachsen entwickeln sich während des Wachstums der Pflanze junge Triebe. Würde man die Pflanze unkontrolliert in die Breite wachsen lassen, bekäme sie ein buschartiges Aussehen ohne ausgeprägte Stammbildung. Wird die Tomatenpflanze ausgegeizt, kann die Pflanze alle Kraft in die Entwicklung des Haupttriebs stecken und große, reifende Früchte bilden. Der Haupttrieb muss dabei mit einem Stock gestützt und daran festgebunden werden. Wird ein Wendelstab verwendet, kann das Anbinden entfallen.

So geht's: Beim Ausgeizen werden regelmäßig die jungen Seitentriebe entfernt, die sich während des Wachstums der Pflanze bilden. Die Seitentriebe, die auch Geiztriebe genannt werden, bricht man in unmittelbarer Nähe des Stängels ab, sobald sie eine Länge von etwa 10 bis 15 cm erreicht haben. Da die jungen Triebe noch sehr weich sind, können sie einfach zwischen zwei Fingern abgeknipst werden. Um die Pflanze nicht zu beschädigen, kann man die Seitentriebe auch mit einer scharfen Gartenschere abschneiden. Die beste Zeit ist morgens, wenn die Pflanzen noch prall im Saft stehen, dann „bricht" es sich leichter.

Kraut- und Braunfäule [2.] und [3.]

Während des Wachstums und der Fruchtbildung kann es bei Tomaten leicht zur gefürchteten Kraut- und Braunfäule kommen. Es ist eine Pilzkrankheit, deren Sporen im Boden unter der Pflanze sitzen. Es zeigen sich zunächst grau-grüne, ölige, später bräunliche, rasch um sich greifende Flecken auf den befallenen Blättern (Bild 2.). Die Früchte sind fleckig, grau-grün bis braun gefärbt (Bild 3.). Mit einigen Pflegemaßnahmen kann man der Kraut- und Braunfäule entgegenwirken.

So geht's: Beim Gießen und durch Regen kann das Wasser mit den Pilzsporen auf die Blätter spritzen. Daher sollten wir unsere Tomaten ganz nah am Stamm gießen und ihnen einen dreiseitigen Regenschutz bieten, der insbesondere zur Hauptwindrichtung geschlossen und nur zu einer Seite hin geöffnet ist. Verwenden Sie bitte keine Plastiksäcke, da hier eine ausreichende Verdunstung nicht möglich ist.
Vorbeugend können Sie Ihre Tomaten auch ab Mai mit dem Gießen und Spritzen einer Schachtelhalm-Brühe schützen. Zur Erstellung der Schachtelhalm-Brühe benötigen Sie etwa 1,5 kg frische Wedel, die 24 Stunden in 10 l Wasser eingeweicht und anschließend eine Stunde lang aufgekocht werden. Die erkaltete Brühe wird abgesiebt. Die Brühe muss verdünnt im Verhältnis 1:10 (Brühe:Wasser) aufgetragen werden, siehe auch Seite 66.

SAATGUT ERNTEN

—— *Möhrenvielfalt bewahren*

SAATGUT ZU VERMEHREN MACHT FREUDE, VERTIEFT DAS GÄRTNERISCHE WISSEN UND IST KOSTENGÜNSTIG. MAN KANN ALTE UND SELTENE SORTEN ANBAUEN UND SO DIE IM RÜCKGANG BEGRIFFENE PFLANZLICHE VIELFALT FÖRDERN.

Material und Werkzeug

Spaten

Pflanzschaufel

samenfeste Möhren

Kopfkissenbezug

Papiertütchen oder Brief-
umschläge

Schraubgläser

WICHTIG | Um eigenes, vermeh-
rungsfähiges Saatgut zu gewinnen,
brauchen Sie samenfeste Mutterpflanzen. Bei alten Sorten und Bio-
sorten ist dies grundsätzlich der Fall,
die Nachzüchtung also kein Problem.
Moderne Hybridpflanzen vererben im
Gegensatz zu samenfesten Pflanzen
in der Regel nicht die gewünschten
Eigenschaften, oder es bilden sich
erst gar keine Samen. Die ausge-
suchte, samenfeste Pflanze sollte
möglichst schon unter biologischen
Bedingungen gewachsen sein. Nur
schöne, gesunde, sortentypische Exemplare eignen sich, um Samen davon zu gewinnen.

So geht's

1. Um Möhrensaatgut zu gewinnen, werden im Herbst die Möhren
   geerntet und über Winter in einer Kiste mit feuchtem Sand an einem frostfreien Ort eingelagert. Im März werden die ausgesuch-
   ten Samenträgermöhren dann wieder in humose Erde gepflanzt.
   Ein sonniger Standort hilft bei der Samenreife sehr. Der Abstand
   zwischen den Reihen sollte mindestens 50 cm und in der Reihe
   10 bis 15 cm betragen.

2. Der junge Möhrenaustrieb ist gut vor Schneckenfraß zu schützen.

3. Im Sommer während der Blüte sollten im Umkreis von 500 m keine Wilden Möhren blühen und als Mitbefruchter tätig werden,
   sonst verliert die Möhre wesentliche Teile der geliebten Eigenschaften wie Farbe und Süße.

4. Die Samendolden werden abgeerntet, wenn die Samen eine brau-
   ne Farbe angenommen haben. Zum Nachtrocknen ist es gut, die
   Samendolden in einen Kopfkissenbezug im Gartenhaus aufzuhän-
   gen. Bevor die Samen zur Aussaat kommen, müssen die einzelnen
   Samen von den Krallhärchen befreit werden. Dies kann einfach
   durch Reiben der trockenen Samen in den Handflächen erfolgen.
   Geben Sie sie in Tütchen oder Briefumschläge, die Sie zuvor mit
   dem Erntejahr und dem Sortennamen beschriftet haben. Geben
   Sie die Samentütchen zum Schutz vor Insektenfraß zusätzlich in
   Schraubgläser, die Sie ebenfalls beschriften. Bewahren Sie die
   Gläser an einem kühlen, trockenen und dunklen Ort auf.

Nach dem Erntetermin teilt man Kartoffeln in frühe, mittelfrühe und späte Sorten ein. Frühe Kartoffeln werden geerntet, sobald sie in der Blüte stehen (Juni), bei Spätkartoffeln erfolgt die Ernte erst, wenn das Kraut abgestorben ist (ab Mitte September). Mittelfrühe Sorten werden ab Ende August geerntet.

[1.]

[2a]

[2b]

[3.]

EIGENE KARTOFFELN

Ernten und anbauen

KARTOFFELN SIND EINE IDEALE KULTUR FÜR GARTENANFÄNGER. WER NACH DER ERNTE NICHT ALLE SEINE KNOLLEN VERARBEITET, KANN KLEINE EXEMPLARE LAGERN UND IM NÄCHSTEN FRÜHJAHR DARAUS NEUE KARTOFFELN HERANZIEHEN.

Material und Werkzeug

Kartoffeln

Grabegabel

Leinenbeutel oder Holzkiste mit Zeitungspapier als Boden

Eierkarton

Schachtelhalm-Brühe

Sichel oder Rasenmäher

Spaten

Blatthacke

ggf. Metermaß

INTERESSANT | KARTOFFELN FÜR BALKONGÄRTNER Kartoffeln können auch auf Balkon und Terrasse in Gefäßen ab etwa 50 cm Durchmesser herangezogen werden. Dafür befüllt man die Kübel zum Bepflanzen etwa zur Hälfte mit Substrat und füllt die restliche Erde auf, sobald das Kraut ca. 20 bis 30 cm hoch ist.

So geht's

1. Um nach der Ernte eigene Saatkartoffeln zu gewinnen, behält man kleine Kartoffeln zurück und lagert sie an einem möglichst kühlen und dunklen Ort bis Februar ein (Holzkiste oder Leinenbeutel).

2. Frühe Sorten müssen, mittelfrühe und späte Sorten können, müssen jedoch nicht vorgekeimt werden. Das Vorkeimen empfiehlt sich, damit die Kartoffeln einen Wachstumsvorsprung von etwa vier Wochen erhalten.

   2a Zum Vorkeimen werden die Kartoffeln auf einen Eierkarton gelegt und an einen zimmerwarmen, sonnigen Platz gestellt.

   2b Beginnen Sie etwa drei Wochen vor dem geplanten Pflanztermin mit dem Vorkeimen. Die Knollen bilden in dieser Zeit dann ca. 1 cm lange, gefärbte Keime aus.

3. Frühkartoffeln können bereits ab April ausgepflanzt werden, empfehlenswert ist jedoch das Auspflanzen erst ab Anfang Mai, wenn der Gartenboden schon etwas wärmer ist.
   Bestenfalls verfügen Sie auch über ein Beet, auf dem zuvor eine Gründüngung angepflanzt war, die nun oberirdisch abgemäht und dann untergeharkt wird (siehe S. 53). Setzen Sie die Saatkartoffeln in einem Abstand von 60 cm in die Reihe, der Reihenabstand beträgt 30 cm. Die Knollen kommen etwa 10 cm tief in den Boden und werden dann angehäufelt, d. h., man setzt sie in sogenannte Dämme. Sobald sich das erste Grün (Kraut) zeigt, wird das Anhäufeln wiederholt, damit keine grünen Stellen an den Knollen entstehen. Kontrollieren Sie Ihre Kartoffeln auf Kartoffelkäfer und Krautfäule. Bei Krautfäule wird vorbeugend Schachtelhalm-Brühe ausgebracht. Um einen Schaden durch Kartoffelkäfer zu vermeiden, sollten wir die Blattunterseiten der Pflanzen immer nach Eigelegen untersuchen und ggf. das gesamte Blatt entfernen (siehe S. 71).

[3.]

[1a]

[2.]

[3a]

CHICORÉE BLEICHEN
—— *Mildes Gemüse für den Winter*

WER IM MAI DIE ANSPRUCHSLOSEN CHICORÉEPFLANZEN AUSGESÄT HAT, KANN IM WINTER AUS DEN WURZELRÜBEN EIN HERRLICHES GEMÜSE BLEICHEN UND IN DER KALTEN JAHRESZEIT GENIESSEN.

Material und Werkzeug

Chicorée-Saatgut

Blatthacke

Grabegabel

Krail

Rechen

scharfes Messer

2 Kübel; alternativ zum Abdecken blickdichter, dunkler Stoff

Pflanzenerde

Gießkanne

TIPP | Achten Sie bei der Aussaat auf einen ausreichenden Reihenabstand von 30 cm. Die Aussaat in der Reihe sollte sehr dünn erfolgen (6 bis 7 cm), da sich nur so kräftige Wurzeln und robuste Pflanzen entwickeln. Diese sind entscheidend für das spätere Bleichen und Treiben. Ist die Aussaat doch einmal etwas zu dicht erfolgt, können wir später auf einen Pflanzabstand von 8 cm in der Reihe vereinzeln.

So geht's

1. Chicorée wird im Mai im Reihenabstand von 30 cm und im Pflanzabstand von 6 bis 7 cm ausgesät (Beetvorbereitung siehe S. 33). Im Sommer wächst er recht anspruchslos zu einem robusten Gemüse heran.

1a Von Oktober bis November heißt es dann: Erntezeit! Die langen Rübenwurzeln werden geerntet, wenn sie etwa 3 bis 6 cm stark sind. Man holt sie am besten mit der Grabegabel aus dem Boden, um die Rüben möglichst nicht zu verletzen.

2. Die Blätter werden nun auf etwa 2 cm Länge eingekürzt (das Pflanzenherz dabei nicht verletzen). Das Schnittgut kommt auf den Kompost oder kann an Kleintiere verfüttert werden. Zum Abtrocknen lässt man die Rüben dann noch einige Tage auf dem Beet liegen – leichter Frost kann die Triebwilligkeit der Pflanzen fördern. Danach werden die Rüben kühl gelagert, z. B. im Gartenschuppen oder Keller.

3. Ab November können die Chicoréerüben aus dem Lager wieder herausgeholt werden. Man kürzt nun die Wurzeln auf etwa 18 bis 20 cm ein und setzt sie in einen großen Kübel mit Erde (bei größeren Erntemengen in Etappen, um im Winter immer frischen Chicorée ernten zu können). Geben Sie noch etwas Erde über Ihre Rüben und wässern Sie die Pflanzen. Da die Treiberei mit dem Bleichen nur in absoluter Dunkelheit erfolgen kann, wird am besten ein zweiter Topf über das Pflanzgefäß gestülpt. Oder Sie decken einen wirklich dunklen und blickdichten Stoff über das Gefäß und stellen es in einen warmen Kellerraum. Das Gefäß sollte bei beiden Varianten an einem warmen Ort (ca. 15 bis 20 °C) stehen. Nach etwa drei Wochen kann der erste Salat geerntet werden.

3a Die gewachsenen Kolben werden durch leichtes Ausbrechen von den Wurzeln entfernt. Die Wurzeln können dann ein weiteres Mal getrieben werden.

BIODYNAMIK

——— *Kosmische Impulse*

[1.]

[2.]

[3.]

[4]

Das Präparat wird in einem Glasbehälter in einer Grube in einem größeren Behältnis, z. B. einer Holzkiste, aufbewahrt. Es sollte nicht austrocknen. Es hält bei sachgemäßer Lagerung etwa zwei bis drei Jahre.

HORNMIST-PRÄPARAT

Für eine gute Pflanzenanbindung

DAS PRÄPARAT ERMÖGLICHT EINE BESSERE BEZIEHUNG DER PFLANZEN ZUM ERDEIGENEN UMFELD. DIE WURZELTÄTIGKEIT WIRD ANGEREGT, SODASS DIE OBERIRDISCHEN PFLANZENTEILE BESSER VERSORGT WERDEN.

Material und Werkzeug

Kuhhörner (2 für 250 qm)

Kuhmist

Spaten

Topf, kleines Fass oder Krug mit geraden Wänden und zylindrischer Form aus Stein, Holz oder Kupfer (für 250 qm Fläche 15 l Fassungsvolumen)

handwarmes Wasser (für 250 qm Fläche 12,5 l)

Stock, z. B. Bambusstab

Handfeger

WICHTIG | Für die Herstellung des Präparates werden Kuhhörner benötigt. Es dürfen keine Ochsen- oder Stierhörner verwendet werden. Die Kuhhörner erkennt man an den sogenannten Kälberringen, die sich pro geborenem Kalb am Horn der Mutterkuh bilden.

So geht's

1. Die Kuhhörner werden im Herbst mit qualitativ hochwertigem Kuhmist gefüllt und in sehr belebter, humoser Erde vergraben, ca. 30 bis 40 cm tief.

2. Über Winter kann das Horn die kosmischen Kräfte aufnehmen, bevor es um Ostern herum aus dem Boden genommen wird.

3. Das in den Kuhhörnern herangereifte Präparat wird vor dem Ausbringen in spezifischer Weise in Wasser gerührt. Diesen Vorgang nennt man dynamisieren. Dazu ist ein Topf o. Ä. notwendig. Nehmen Sie handwarmes Wasser und Hornmist-Präparat in der entsprechend benötigten Menge. Pro 100 qm Bearbeitungsfläche werden etwa 5 l Wasser mit 25 g Hornmist-Präparat benötigt. Suchen Sie sich dazu in Ihrem Garten einen Platz, an dem Sie sich gerne aufhalten. Wichtig ist, dass das Präparat nur von einer Person gerührt wird.

3a Die Menge wird in dem Gefäß mit einem Stock oder Bambusstab von außen nach innen gerührt, und zwar so, dass sich mit der Zeit ein möglichst tiefer Trichter im Gefäß bildet. Beginnen Sie dazu an der Außenwand mit langsamer Geschwindigkeit und kommen Sie zum Zentrum hin mit ansteigender Drehgeschwindigkeit. Haben Sie den tiefsten möglichen Punkt im Wirbel (Trichter) erreicht, halten Sie zwei Atemzüge inne. Dann setzen Sie den Stock wieder an der Außenwand an und wiederholen den Vorgang. Jetzt rühren Sie in die andere Richtung und werden dabei wieder zunehmend schneller. So wird eine Stunde lang, möglichst in der gleichen Intensität, gerührt. Haushalten Sie daher mit Ihren Kräften.

4. Nach einer Stunde ist das Präparat fertig gerührt und wird großtropfig, beispielsweise mit einem Handfeger, auf der zugedachten Fläche ausgebracht.

HORNKIESEL-PRÄPARAT

—— *Für Fruchtreife und Geschmack*

DIESES PRÄPARAT DIENT ZUR UNTERSTÜTZUNG DER WACHSENDEN PFLANZEN, DER FRUCHTREIFE UND DEM GESCHMACK. ES VERMITTELT KOSMISCHE WÄRME UND LICHT-KRÄFTE.

Material und Werkzeug

Kuhhorn

Bergkristall mit geringer Verun-reinigung (für 1 Horn alle 2 Jahre hergestellt)

Topf, kleines Fass oder Krug mit geraden Wänden und zylindri-scher Form aus Stein, Holz oder Kupfer (für 250 qm Fläche 15 l Fassungsvolumen)

handwarmes Wasser (für 250 qm Fläche 12,5 l)

Stock, z. B. Bambusstab

Spaten

feine Gartenspritze

WICHTIG | Das Präparat sollte in-nerhalb weniger Stunden nach dem Rühren ausgebracht sein, weil sich danach die Wirkung verringert. In ei-nem Glas kann das ungerührte Prä-parat am sonnigen Fenster aufbe-wahrt werden, es hält etwa zwei bis drei Jahre.

So geht's

1. Der Bergkristall wird zu Mehl, Staub und gröberen Bergkristall-körnchen (0,5 mm) zerrieben und im Frühjahr zwischen Ostern und Pfingsten in ein Kuhhorn gefüllt. Das Kuhhorn und dessen Spiraltendenz haben eine konzentrierende Wirkung auf die im Inneren stattfindenden biochemischen Prozesse.

1a Das Horn wird in sehr belebten Boden 30 bis 40 cm tief einge-graben. Es nimmt die Sommerprozesse der Erde auf und konzent-riert die Sommersonnenwirkungen im Präparat.

2. Der Hornkiesel wird nach den gleichen Grundregeln der Dynami-sierung wie der Hornmist zubereitet. Pro 100 qm Bearbeitungsflä-che werden 4 bis 5 l Wasser mit 0,5 g Hornkiesel benötigt. Auch hier sollte nur eine Person rühren.

3. Das Präparat wird in feinster Verteilung auf die Pflanze gesprüht. Das gelingt am besten mit einer feinen Gartenspritze. Die wach-senden jungen Pflanzen spritzt man zunächst am frühen Morgen (etwa eine halbe Stunde vor Sonnenaufgang kann mit dem Dyna-misieren begonnen werden), zur Fruchtreife wird dann spätnach-mittags oder gegen Abend gespritzt. Klares Wetter fördert die Wirksamkeit. Kurz reifendes Gemüse, wie Salat oder Radieschen, erhält zweimal eine Spritzung: das erste Mal, wenn die charakte-ristischen vier oder fünf Blätter gebildet sind, und das zweite Mal ca. drei Wochen vor der Ernte. Bei länger reifenden Pflanzen, wie Erdbeeren oder Tomaten, wird fünf bis acht Mal während der ge-samten Vegetationszeit gespritzt. Bei Kulturen, die später im La-ger lange aufbewahrt werden sollen, sollte ca. vier Wochen vor der Ernte nochmals an drei aufeinanderfolgenden Abenden ge-spritzt werden.

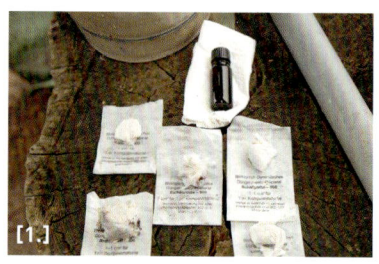

[1.]

[2.]

[3.]

[4.]

[5a]

[5.]

[6.]

KOMPOST PRÄPARIEREN

Miete und Gefäße

NACH DER BIOLOGISCH-DYNAMISCHEN METHODE WIRD DER ZUBEREITETE KOMPOST IN REGELMÄSSIGEN ABSTÄNDEN MIT DEN SECHS KOMPOST-PRÄPARATEN „GEIMPFT". SIE BEWIRKEN EINE GUTE ROTTE UND DIE ANBINDUNG DER KOSMISCHEN KRÄFTE.

Material und Werkzeug

Präparate Eichenrinde, Kamille, Brennnessel, Löwenzahn, Schafgarbe, Baldrianblütenextrakt

Küchenkrepp

Kompost-Präparate-Rohr

Topf, kleines Fass oder Krug mit geraden Wänden und zylindrischer Form aus Stein, Holz oder Kupfer (1 l Fassungsvermögen)

Stock zum Rühren

Kompostvlies

feine Gartenspritze oder Handfeger

TIPP | Wer Präparate selbst herstellen möchte, kann sich einer biodynamischen Hausgarten-Gruppe im Demeterverbund anschließen. Dort werden unter fachkundiger Anleitung gemeinsam zu bestimmten Terminen die Präparate hergestellt, Adressen siehe S.109.

So geht's

1. Die fünf festen Präparate Eichenrinde, Kamille, Brennnessel, Löwenzahn und Schafgarbe kommen so in den Kompost, dass sie wie die Zahl Fünf auf dem Würfel angeordnet sind. Der Abstand der einzelnen Präparate zueinander beträgt bei einer Kompostmiete dabei mindestens 20 cm und maximal 1 m. Die Brennnessel wird immer in die Mitte gegeben! Bei den anderen vier festen Präparaten ist die Anordnung beliebig. Praxistauglich hat sich dabei erwiesen, sie in alphabetischer Reihenfolge in den Kompost einzubringen.

2. Aus dem Vorrat wird so viel des entsprechenden Präparats entnommen, wie man zwischen drei Fingern greifen kann und befeuchtet in ein kleines Stück Küchenkrepp gewickelt. Es handelt sich also um kleine „homöopathische" Mengen.

3. Mit dem Kompost-Präparate-Rohr wird ein Loch in die Miete gestoßen. Der innere Stock kann anschließend wieder herausgezogen werden.

4. Die Präparate werden in ca. 40 cm Tiefe punktförmig, d.h. nicht gestreut, in die vorpräparierten Löcher im Kompost gegeben. Das Loch wird wieder fest verschlossen, das Präparateklümpchen sollte möglichst in der mittleren Tiefe des Komposts zum Liegen kommen.

5. Zum Schluss kommt über das Ganze ein Hauch von „dynamisiertem" (gerührtem) Baldrianblütenextrakt. Dazu nehmen Sie einige Tropfen Baldrianblütenextrakt (lässt sich gut in dunklen Flaschen lagern) auf 1 l handwarmes Wasser und rühren dies in wechselnder Drehrichtung zehn Minuten lang.

5a Danach wird die Flüssigkeit über dem Haufen fein verteilt, am besten mit einer Gartenspritze oder einem Handfeger.

6. Abschließend decken Sie die Kompostmiete mit Kompostvlies ab.

Gemüse: Aussaat & Pflanzung

Gemüsearten von A bis Z	Art der Vermehrung	Keimdauer (Tage)	Reihenabstand / Pflanzenabstand in cm	Zeitraum Anzucht, Pflanzung, Ernte	Samenreife (Haupt- monat)	Lebenszeit
Artischocke	Aussaat	8 – 12	100 × 100	Voranzucht: Anfang Februar bis Ende April Pflanzung: Mitte Mai bis Mitte Juni Ernte: Juli bis Ende September	Oktober	einjährig / mehrjährig
Aubergine	Aussaat	6 – 8	50 × 50	Voranzucht: Anfang Dezember bis Mitte Februar Aussaat: März / April Pflanzung: Mitte Mai bis Mitte Juni Ernte: Anfang August bis Ende September	Oktober	einjährig
Blumenkohl	Aussaat	4 – 6	50 × 60	Aussaat: Ende Februar bis Ende April und Ende März bis Mitte Juli Pflanzung: Anfang Mai bis Mitte August Ernte: Ende Juni bis Mitte November	Oktober	zweijährig
Bohnen	Aussaat	8 – 14	40 × 15 Buschb. 100 × 40 Stang.	Aussaat: Ende April bis Ende Juni Ernte: Mitte Juli bis Ende Oktober	September	einjährig
Brokkoli	Aussaat	4 – 6	40 × 50	Voranzucht: Ende Februar bis Ende März Aussaat: Mitte April bis Ende Juni Pflanzung: Anfang April bis Mitte Juli Ernte: Mitte Juli bis Ende Oktober	Oktober	einjährig (zweijährig)
Erbsen	Aussaat	8 – 12	40 × 3	Aussaat: März und April Ernte: Juni bis September	August	einjährig
Feldsalat	Aussaat	15 – 25	15 × 20	Aussaat: August und September Ernte: Mitte November bis Ende März	Juli	einjährig (zweijährig)
Fenchel (Knollen-)	Aussaat	12 – 16	50 × 20	Voranzucht: Mitte März bis Ende April Aussaat: Mai und Mitte Juli bis Mitte August Pflanzung: Mitte Mai bis Ende Juli Ernte: Anfang August bis Mitte Oktober	Oktober	einjährig
Grünkohl	Aussaat	4 – 5	40 × 45	Voranzucht: Mitte April bis Ende Mai Aussaat: Mai bis Mitte Juni Pflanzung: Mitte Juni bis Mitte August Ernte: Mitte Oktober bis Mitte März	August	zweijährig
Gurke	Aussaat	4 – 8	40 × 60	Voranzucht: März bis Ende April Aussaat: Mitte April bis Ende Mai Pflanzung: Mai bis Mitte Juni Ernte: Anfang Juli bis Mitte September	September	einjährig
Kartoffel	Pflanz- kartoffeln	–	60 × 30	Pflanzung: April bis Mitte Mai Ernte: August bis Mitte Oktober	–	einjährig
Kohlrabi	Aussaat	8 – 10	35 × 40	Voranzucht: März Aussaat: April bis Mitte Juni Pflanzung: Mitte April bis Mitte Juni Ernte: Mitte Juli bis Ende Oktober	August	zweijährig
Knoblauch	Brutzwiebel	–	25 × 12	Pflanzung: März und Sept. bis Ende Oktober Ernte: Juni bis Oktober	–	einjährig
Kresse	Aussaat	2	Breitsaat	Aussaat: ganzjährig Ernte: ganzjährig	August	einjährig
Lauch (Porree)	Aussaat	14 – 16	20 × 25	Voranzucht: März Aussaat: April bis Mai Pflanzung: Juni bis Juli Ernte: Ende September bis Ende März	Oktober	zweijährig

Gemüsearten von A bis Z	Art der Vermehrung	Keimdauer (Tage)	Reihenabstand / Pflanzenabstand in cm	Zeitraum Anzucht, Pflanzung, Ernte	Samenreife (Haupt- monat)	Lebenszeit
Mangold	Aussaat	8 – 10	30 × 15	Voranzucht: Anfang März bis Mitte April Aussaat: März bis Juni und Mitte September bis Ende Oktober für's Frühjahr Pflanzung: Mai bis Mitte Juni Ernte: Mitte Juli bis Ende November	September	zweijährig
Möhren	Aussaat	21 – 28	25 × 3	Aussaat: März bis Mai Ernte: Ende Juni bis Mitte November	September	zweijährig
Paprika	Aussaat	8 – 12	50 × 40	Voranzucht: Januar bis Mitte April Pflanzung: Mai und Juni Ernte: Mitte Juli bis Ende Oktober	Oktober	einjährig
Pastinake	Aussaat	21 – 28	30 × 10	Aussaat: Mitte März bis Ende Mai Ernte: September bis Mitte November	Oktober	zweijährig
Radieschen	Aussaat	8 – 14	12 × 5	Aussaat: März bis Mitte August Ernte: Mitte April bis Mitte Oktober	September	einjährig
Rhabarber	Aussaat / Tei- lung	–	Einzelpfl.	Pflanzung: März bis Mitte April	–	mehrjährig
Rettich	Aussaat	14 – 21	25 × 10	Aussaat: März bis August Ernte: Mitte Mai bis Ende Oktober	September	einjährig
Rosenkohl	Aussaat	4 – 5	65 × 30	Voranzucht: März Aussaat: Mitte März bis Ende April Pflanzung: April und Mai Ernte: November bis Februar	Oktober	zweijährig
Rotkohl	Aussaat	5 – 6	50 × 60	Voranzucht: März und April Aussaat: Mitte März bis Mitte Mai Pflanzung: Mai und Juni Ernte: August bis Mitte November	August	zweijährig
Bete, Rote	Aussaat	10 – 15	30 × 10	Aussaat: Ende März bis Anfang Mai Ernte: Juli bis Oktober	Oktober	zweijährig
Salat (Kopf-)	Aussaat	6 – 10	30 × 30	Voranzucht: Mitte Januar bis Mitte März Aussaat: April / Mai Pflanzung: Mitte April bis Mitte Juli Ernte: Mitte Mai bis Ende September	September	einjährig
Schwarz- wurzel	Aussaat	15 – 20	25 × 5	Aussaat: März bis April Ernte: Mitte September bis März	August	mehrjährig
Sellerie	Aussaat	15	40 × 50	Voranzucht: Februar bis Mitte April Aussaat: März und April Pflanzung: Mai bis Juni Ernte: Mitte August bis Ende November	Oktober	zweijährig
Spinat	Aussaat	8 – 14	20 × 25	Aussaat: März bis Mitte April und Mitte September bis Mitte Oktober Ernte: Mitte Mai bis Ende Juni und Oktober bis Mitte November	Juli	einjährig
Tomaten	Aussaat	6 – 8	60 × 50	Voranzucht: März bis Mitte April Aussaat: April Pflanzung: Mai und Juni Ernte: Mitte Juli bis Mitte Oktober	Oktober	einjährig
Zucchini	Aussaat	5 – 8	60 × 80	Voranzucht: März bis Anfang April Aussaat: April und Mai Pflanzung: Mai bis Mitte Juni Ernte: Juli bis Mitte Oktober	September	einjährig
Zwiebeln	Aussaat	14 – 21	30 × 10	Voranzucht: Mitte Februar bis Mitte März Aussaat: März und April Pflanzung: Mitte März bis Ende April Ernte: August und September	September	zweijährig

Kräuter: Aussaat

Deutscher Name	Botanischer Name	Aussaattermin	Saattiefe in cm	Reihen- und Pflanzabstand in cm	Lebensdauer
Basilikum	Ocimum ssp.	Voranzucht ab Februar, ab Mai ins Freiland	0,3 – 0,5	30 × 25 bis 40 × 25	einjährig
Berg-Bohnenkraut	Satureja montana	Voranzucht ab März empfohlen	flache Ablage	30 × 25	mehrjährig
Bohnenkraut	Satureja hortensis	ab April bis Juli	flache Ablage	30 × 25	einjährig
Borretsch	Borago officinalis	April bis Juni	0,5 – 1	30 × 30 bis 30 × 40	einjährig
Dill	Anethum graveolens	ab April ins Freiland bis Juni	2 – 3	30 × 5 bis 10	einjährig
Dost, Wilder Majoran	Origanum vulgare	ab Februar zur Voranzucht	flache Ablage	30 × 25	mehrjährig
Gewürz-Fenchel	Foeniculum vulgare	ab März bis April	1 – 2	30 × 25	einjährig, zweijährig
Kerbel	Anthriscus cerefolium	März bis Juni	flache Ablage	30 × 5 bis 10	einjährig
Koriander	Coriandrum sativum	ab März bis April	1 – 2	30 × 10	einjährig
Kümmel	Carum carvi	Voranzucht ab März, sonst April bis Juni	1 – 2	30 × 10	einjährig, zweijährig
Lavendel	Lavandula officinalis	ab Februar zur Voranzucht	flache Ablage	30 × 25	mehrjährig
Liebstöckel	Levisticum officinale	ab März zur Voranzucht	1 – 2	40 – 50	mehrjährig
Majoran	Origanum majorana	April bis Mai	flache Ablage	30 × 25	einjährig
Pimpinelle	Sanguisorba minor	ab März	1	30 × 25	mehrjährig
Salbei	Salvia officinalis	ab März zur Voranzucht	1,5	30 × 25	mehrjährig
Sauerampfer	Rumex acetos	Voranzucht ab Anf. April	0 – 5	30 × 25	mehrjährig
Schnittlauch	Allium schoenoprasum	Voranzucht ab Februar, ab März bis Juli ins Freiland	2 – 2,5	30 × 25	mehrjährig
Schwarzkümmel	Nigella sativa	ab Ende April	1	30 × 25	einjährig
Speise-Chrysantheme	Chrysanthemum coronarium	ganzjährig, Direktsaat ab April	flache Ablage	30 × 25	
Thymian	Thymus vulgaris	Voranzucht ab Mitte März	flache Ablage	30 × 25	mehrjährig
Winterkresse	Barbaraea praecox	Juli bis September	flache Ablage	30 × 5 bis 10	zweijährig
Ysop	Hyssopus officinalis	Voranzucht ab Mitte März	flache Ablage	30 × 25	mehrjährig
Zitronenmelisse	Melissa officinalis	Voranzucht ab Mitte März	flache Ablage	30 × 25 bis 40 × 25	mehrjährig

Blumen: Aussaat & Anpflanzung

Deutscher Name	Botanischer Name	Blütenfarbe	Blütezeit	Höhe in cm	Pflanze pro m²	Vor-anzucht (Monat)	Direktsaat (Monat)	Pflan-zung (Monat)	Für Topf und Kübel	Insekten- und Bienen-weide
Einjährige Sommerblumen										
Kornrade	*Agrostemma githago*	lila	Juli – Sept.	50 – 80	50		März – Juni			x
Gartenfuchsschwanz	*Amaranthus hypochondriacus*	rot	Juli – Sept.	100	10 – 15	April		Mai	x	x
Löwenmäulchen (hohe Mischung)	*Antirrhinum majus*	gelb, rot, rosa, weiß	Juli – Okt.	60	20 – 30	März – April		April – Mai	x	
Kletterlöwen-mäulchen	*Asarina scandens*	blau	Mai – Okt.	bis 200	8 – 12	März		Mai	x	
Sommeraster	*Callistephus chinensis*	gelb, rosa, weiß, blau	Juli – Nov.	50	20 – 25	März		Mai	x	x
Kornblume	*Centaurea cyanus*	vorwiegend blau	Juni – Sept.	50 – 90	30		März – Juni Aug. – Sept.			x
Spinnenpflanze	*Cleome spinosa*	rosa, lila, weiß	Juli – Sept.	90 – 120	4 – 6	April		Mai		
Winde	*Convolvulus tricolor*	weiß, blau	Juni – Aug.	30 – 40	10		März – Mai			
Kosmee	*Cosmos bipinnatus*	rosa, lila, weiß	Juni – Nov.	100 – 150	6 – 9		April – Mai			x
Mignon-Dahlie	*Dahlia*	Mischung gelb, orange, rot	Juni – Okt.	30 – 40	20	April		Mitte Mai – Mitte Juni	x	
Lanzen-Rittersporn	*Delphinium*	blau	Juni – Sept.	50 – 100	16		Anfang April – Mitte Juni			
Atlasblume	*Godetia grandiflora*	gelb, orange	Juli – Sept.	45 – 60	12		März – Mai		x	
Schleierkraut	*Gypsophila elegans*	weiß	Juni – Aug.	40 – 60	10		März – En-de Mai		x	
Sonnenblume 'Velvet Queen'	*Helilanthus annuus*	braun	Juli – Okt.	170	6 – 10		Mai – An-fang Juli			x
Sonnenblume 'Sunsport'	*Helilanthus annuus*	gelb	Juli – Okt.	40 – 50	20 – 30		Mai – An-fang Juli		x	x
Sonnenblume, kleinblütig	*Helilanthus debilis*	gelb	Juli – Okt.	150	5 – 7		Mai – An-fang Juli			x
Einjährige Schleifenblume	*Iberis umbellata*	vorwiegend blau	Juli – Aug.	25	25 – 30	April		Mai	x	
Prachtwinde	*Ipomoea rubro-coerulea*	lila, blau	Juli – Aug.	200 – 500	6 – 7	März – April		Mai		
Edelwicke	*Lathyrus odoratus*	rosa	Juni – Aug.	150 – 200	20 – 30		April			
Bechermalve	*Lavatera trimestris*	rosa	Juni – Okt.	50	6 – 8		April – An-fang Juni			

Deutscher Name	Botanischer Name	Blütenfarbe	Blütezeit	Höhe in cm	Pflanze pro m²	Voran-zucht (Monat)	Direktsaat (Monat)	Pflan-zung (Monat)	Für Topf und Kübel	Insek-ten- und Bienen-weide
Einjährige Sommerblumen										
Herzgespann	*Leonurus sibiricus*	rosa, rot	Juli – Okt.	100 – 150	6 – 8		April – Anfang Juni			x
Marokkanisches Leinkraut	*Linaria maroccaria*	lila, weiß	Juni – Aug.	40	16 – 20		April – Anfang Juli			
Roter Lein	*Linum grandiflorum*	lila	Juni – Aug.	40 – 50	25 – 80		April – Anfang Juli			x
Sommermalve	*Malope trifida*	weiß, orange	Juli – Okt.	60 – 100	20 – 25		Ende März – Mai			
Kamille	*Matricaria chamomilla*	weiß	Mai – Sept.	10 – 50	20 – 30		April – Juni			x
Elfenspiegel	*Nemesia strumosa*	Mischung gelb bis orange, rosa, lila, weiß, braun	Juni – Okt.	20 – 30	30 – 40	März – April		Mai	x	
Jungfer im Grün	*Nigella damascena*	rosa, weiß, blau	Juni – Okt.	40 – 50	40 – 50		März – Mai			x
Klatsch-Mohn	*Papaver rhoeas*	rot	Mai – Aug.	50 – 60	40 – 50		März – Mai			x
Schopf-Salbei	*Salvia viridis*	Hochblätter rosa, lila	Juni – Okt.	30 – 50	25		April			x
Skabiose	*Scabiosa atropurpurea*	Mischung rosa, lila, weiß	Juli – Nov.	90	25 – 30	März – April		Mai		x
Polster-Studentenblume	*Tagetes tenuifolia*	gelb, braun	Mai – Nov.	30 – 40	30 – 40	März – April		Mai	x	
Kapuzinerkresse (rankend)	*Trapaeolum majus*	hellgelb, dunkel-gelb	Juni – Okt.	bis 200	4 – 6	März – April	Mai	Mai	x	
Kapuzinerkresse (nicht rankend)	*Trapaeolum majus*	gelb, orange, rot	Juni – Okt.	60	6 – 8	April		Mai	x	
Zinnie	*Zinnia angustifolia*	gelb, rot, orange, rosa, braun	Juni – Okt.	40 – 50	25 – 30	April		Juni	x	x
Zwei- oder mehrjährige Sommerblumen										
Marienglocken-blume	*Campanula medium*	üppige Blütenfül-le rosa, lila, weiß	Juni – Aug.	70	7 – 9		Mai – Sept.			
Goldlack	*Cheiranthus cheiri*	gelb bis orange	Mai – Juni	90	20 – 25	Juli		Aug. – Sept.	x	
Bartnelke	*Dianthus barbatus*	lila, weiß, rot	Juni – Juli	50 – 60	25 – 30	April – Juli		Mai – Aug.	x	
Muskateller-Salbei	*Salvia sclarea*	blau	Mai – Aug.	80 – 120	30 – 50	März – April	März – Juli	März – April		
Großblütige Königskerze	*Verbascum densiflorum*	gelb	Juli – Sept.	50 – 250	4 – 6		März – April			
Wildes Stiefmütterchen	*Viola tricolor*	dreifarbig gelb, weiß, lila	Mai – Aug.	10 – 20	80 – 100	Juni		Aug. – Sept.	x	

NÜTZLICHE ADRESSEN

Diverses Gartenzubehör

Peter Berg
Niederfeld 1
79589 Binzen
Tel.: (0 76 21) 96 83 10
Fax: (0 76 21) 96 83 40
E-Mail: info@bergbinzen.de
www.bergbinzen.de
> Besonders langer Eschenstiel mit ovaler Form
  zum ermüdungsfreien Arbeiten. Für die meis-
  ten Hackgeräte geeignet. 1,70 m lang nur als
  Sperrgutversand oder auf Vorbestellung zum
  Abholen.
> Pendelhacke 80 mm, 125 mm, 170 mm breit
> Colmen-Blatthacke 125 mm, 170 mm breit
> Wintergründüngungssaatgut-Mischung:
  Roggen-Wicken
> Handjätgerät (Jätetelefon)
> Phonolith Urgesteinsmehl: 10 und 25 kg Säcke
> TopTex Kompostvlies im Hobbyzuschnitt

Glaser Engineering GmbH
Im Lerchengarten 12
CH-4153 Reinach
Tel.: +41 (0) 61 / 7 13 98 84
Fax: +41 (0) 61 / 7 13 98 85
E-Mail: info@glaser-swissmade.com
> Pendelhacke

Präparate

Demeter Baden Württemberg
Biodynamische Hausgärtner-Gruppe
Hauptstr. 82
70771 Leinfelden-Echterdingen
Tel.: (07 11) 90 25 4 - 0
Fax: (07 11) 90 25 4 - 54
www.demeter-bw.de
www.gartenrundbrief.de

Geflügel vom Brunnenhof GbR
z. H. C. v. Wistinghausen-Noz
Brunnenhof-Mäusdorf
Hohe Str. 25
74653 Künzelsau
Tel.: (0 79 40) 22 70
Fax: (0 79 40) 49 11
E-Mail: info@gefluegelvombrunnenhof.de

Urgesteinsmehl

Landor AG
Auhafen
CH-4127 Birsfelden
E-Mail: info@landor.ch
www.landor.ch
> Urgesteinswmehl Vulkamin®

Hans G. Hauri Mineralstoffwerk
Bergstr. 114
79268 Bötzingen
Tel.: (0 76 63) 93 90 - 0
E-Mail: info@hauri.de
> Phonolith Urgesteinsmehl

Biologisches Saatgut

Dreschflegel GbR
Postfach 1213
37202 Witzenhausen
Tel.: (0 55 42) 50 27 44
www.dreschflegel-saatgut.de

Bingenheimer Saatgut AG
Kronstr. 24–26
61209 Echzell-Bingenheim
Tel.: (0 60 35) 18 99 - 0
E-Mail: info@bingenheimersaatgut.de
www.bingenheimersaatgut.de

Reinsaat KG
A-3572 St. Leonhard am Hornerwald 69
Tel.: + 43 (0) 29 87 - 23 47
Fax: + 43 (0) 29 87 - 2 34 74

BIO-Pflanzen

Die Kräuterei (Bioland)
Silvia Heinrich
Alexanderstr. 29
26121 Oldenburg
Tel.: (04 41) 88 23 68
E-Mail: kraeuterei@t-online.de
www.kraeuterei.de

Bioland Baumschule & Obstgarten
Dr. Ute Hoffmann
Uepser Heide 1
27330 Asendorf
Tel.: (0 42 53) 80 06 22
E-Mail:
ute.hoffmann@hoffmann-obstbaumschule.de
www.hoffmann-obstbaumschule.de

Bioland-Rosenschule Ruf
Zum Sauerbrunnen 35
61231 Bad Nauheim
Tel.: (0 60 32) 8 18 93
E-Mail: info@rosenschule-ruf.de
www.rosenschule-ruf.de

Otzberg Kräuter
Burghart Koch-Seubert
Erich Ollenhauer-Str. 87 b
65187 Wiesbaden
Tel.: (06 11) 8 12 05 45
www.otzberg-kraeuter.de

Artemisia Allgäuer Kräutergarten
Hopfen 29
88167 Stiefenhofen im Allgäu
Tel.: (0 83 86) 96 05 10
E-Mail: info@artemisia.de
www.artemisia.de

Staudengärtnerei Gaissmayer
Jungviehweide 3
89257 Illertissen
Tel.: (0 73 03) 72 58
E-Mail: info@gaissmayer.de
www.gaissmayer.de

Nützlinge

Katz Biotech AG
An der Birkenpfuhlheide 10
15837 Baruth
Tel.: (0 33 704) 6 75 10
www.katzbiotechservices.de
www.floranuetzlinge.de

ÖRE Bio-Protect GmbH
Neuwührener Weg 26
24223 Schwentinental
Tel.: (0 43 07) 50 16
www.oere-bio-protect.de

re-natur GmbH
Kräuter Park
Am Pfeifenkopf 9
24601 Stolpe
Tel.: (0 43 26) 98 61 0
Fax: (0 43 26) 98 61 1
www.re-natur.de

AMW Nützlinge GmbH
Außerhalb 54
64319 Pfungstadt
Tel.: (0 61 57) 99 05 95
Fax: (0 61 57) 99 05 97
www.amwnuetzlinge.de

Andermatt Biocontrol AG
Stahlermatten 6
CH-6146 Grossdietwil
Tel.: +41 (0) 6 29 17 51 25
Fax: +41 (0) 6 29 17 50 06
www.biocontrol.ch

Bienen halten

www.bienenkiste.de

Die Bienenkiste ist ein Projekt des gemeinnützigen Vereins Mellifera e.V., um mit einem Minimum an Aufwand selbst Bienen halten zu können – aus Freude an der Natur und um für den Eigenbedarf etwas Honig zu ernten.

Deutscher Imkerbund e. V.

„Haus des Imkers"
Villiper Hauptstr. 3
53343 Wachtberg - Villip
Tel.: 0 22 8 / 93 29 20
Fax: 0 22 8 / 32 10 09
E-Mail: deutscherimkerbund@t-online.de
www.deutscherimkerbund.de

Bodenuntersuchungsinstitute

Landwirtschaftliche Untersuchungs- und Forschungsanstalten

www.vdlufa.de

Agrofor Consulting

Hauptstr. 27A
35435 Wettenberg
Tel.: (06 41) 98 03 56
Fax: (06 41) 98 03 57
www.agrofor.de
E-Mail: agrofor@t-online.de

AgroLab Swiss GmbH

Oberfeld 3
CH-6037 Root/Lu
Tel.: +41 (0) 4 50 - 26 57
Fax: +41 (0) 4 50 - 26 66
E-Mail: mj@agrolab.ch
www.agrolab.ch

lbu – Labor für Boden- und Umweltanalytik

Postfach 150
CH-3602 Thun
Tel.: +41 (0) 33 - 2 27 57 31
Fax: +41 (0) 33 - 2 27 57 39
E-Mail: info@lbu.ch
www.lbu.ch

Amtliche Pflanzenschutzberatung (www.pflanzenschutzdienst.de)

Sächsische Landesanstalt für Umwelt, Landwirtschaft und Geologie (LfULG)

Besucheradresse
August-Böckstiegel-Str. 1
01326 Dresden Pillnitz
Tel.: (03 51) 26 12-0
E-Mail: lfulg@smul.sachsen.de
www.smul.sachsen.de/lfulg

Pflanzenschutzamt Berlin

Mohriner Allee 137
12347 Berlin
Tel.: (0 30) 70 00 06-0
www.stadtentwicklung.berlin.de/pflanzenschutz/Pflanzenschutzamt/

Landesamt für Verbraucherschutz, Landwirtschaft und Flurneuordnung

Müllroser Chaussee 50
15236 Frankfurt (Oder)
Tel.: (03 35) 5 60-24 02
www.mluv.brandenburg.de/info/lvlf

Landespflanzenschutzamt

Außenstelle Greifswald
Grimmer Str. 16
17489 Greifswald
Tel.: (0 38 34) 5 76 80

Pflanzenschutzamt Hamburg

Ohnhorststr. 18
22609 Hamburg
Tel.: (0 40) 42 81 65 74
E-Mail: pflanzenschutz@iangbot.uni-hamburg.de
www.pflanzenschutz.hamburg.de

Pflanzenschutzamt / Landwirtschaftskammer

Grüner Kamp 15–17
24768 Rendsburg
Tel.: (0 43 31) 94 53-0
E-Mail: lksh@lksh.de
www.lwksh.de

Lebensmittelüberwachungs-, Tierschutz- und Veterinärdienst des Landes Bremen (LMTVet)Pflanzenschutzdienst

Dipl. Ing. agr. Birte Evers
Lötzener Str. 3
28207 Bremen
Tel.: (04 21) 36 18 92 04
E-Mail: birte.evers@lmtvet.bremen.de
www.lmtvet.bremen.de

Pflanzenschutzamt Oldenburg

Sedanstr. 4
26121 Oldenburg
Tel.: (04 41) 8 01-7 26
E-Mail: pflanzenschutzamt@lwk-niedersachsen.de
www.lwk-niedersachsen.de

Pflanzenschutzamt Hannover

Wunstorfer Landstr. 9
30453 Hannover
Tel.: (05 11) 40 05-0
E-mail: pflanzenschutzamt@lwk-niedersachsen.de
www.lwk-hannover.de

Regierungspräsidium Gießen

Dezernat Pflanzenschutzdienst Hessen
Schanzenfeldstr. 8
35578 Wetzlar
Tel.: (06 41) 3 03-52 27
E-Mail: psd-wetzlar@rpgi.hessen.de
www.pflanzenschutzdienst.rp-giessen.de

Landwirtschaftskammer Nordrhein-Westfalen

Pflanzenschutzdienst
Siebengebirgsstr. 200
53229 Bonn-Roleber
Tel.: (02 28) 7 03 21 01
E-Mail: poststelle-bonn@lwk.nrw.de
www.pflanzenschutzdienst.de

Dienstleistungszentrum Ländlichen Raum (DLR)

Rüdesheimer Str. 60–68
55545 Bad Kreuznach
Tel.: (06 71) 8 20-0
E-Mail: dlr-rnh@dlr.rlp.de
www.dlr-rheinpfalz.rlp.de

Landwirtschaftskammer

Pflanzenschutzamt Maren Brennig
Dillinger Str. 67
66822 Lebach
Tel.: (0 68 81) 92 8-1 34
E-Mail: maren.brennig@lwk-saarland.de
www.lwk-saarland.de

Landesanstalt für Pflanzenschutz

Reinsburgstr. 107
70197 Stuttgart
Tel.: (07 11) 66 42-400
www.landwirtschaft-mlr.baden-wurttemberg.de

Bayerische Landesanstalt für Landwirtschaft

Institut für Pflanzenschutz
Lange Point 10
85354 Freising
Tel.: (0 81 61) 71-56 51
E-Mail: Pflanzenschutz@LfL.bayern.de
www.lfl.bayern.de

**Bayerische Landesanstalt für Weinbau
und Gartenbau**
Bayerische Gartenakademie
An der Steige 15
97209 Veitshöchheim
Tel.: (09 31) 98 01-1 14
E-Mail: bay.gartenakademie@lwg.bayern.de
www.lwg.bayern.de

**Thüringer Ministerium für Landwirtschaft,
Naturschutz und Umwelt (TMLNU)**
Abteilung Landwirtschaft
Beethovenstr. 3
99096 Erfurt
Tel.: (03 61) 37-9 00
E-Mail: poststelle@tmlnu.thueringen.de
www.thueringen.de/th8/tmlfun/

Bioverbände

Gäa e. V.
Brockhausstr. 4
01099 Dresden
Tel.: (03 51) 40 12 38 9
www.gaea.de

BÖLW
Bund Ökologische Lebensmittelwirtschaft e. V.
Marienstr. 19–20
10117 Berlin
Tel.: (0 30) 28 48 2 300
www.boelw.de

Biopark e. V.
Rövertannen 13
18273 Güstrow
Tel.: (0 38 43) 24 50 30
www.biopark.de

Bioland e. V.
Postfach 1940
55009 Mainz
Tel.: (0 61 31) 23 97 913
www.bioland.de

Demeter e. V.
Brandschneise 1
64295 Darmstadt
Tel.: (0 61 55) 84 69 0
Fax: (0 61 55) 84 69 11
www.demeter.de

Ecoland
Haller Str. 20
74549 Wolpertshausen
Tel.: (0 79 04) 97 97 0
Fax: (0 79 04) 97 97 29
www.ecoland.de

Naturland e. V.
Kleinhaderner Weg 6
82166 Gräfelfing
Tel.: (0 89) 89 80 82 0
Fax: (0 89) 89 80 82 90
www.naturland.de

Biokreis e. V.
Stelzlhof 1
94034 Passau
Tel.: (0851) 75 65 00
Fax: (0851) 75 65 025
www.biokreis.de

Bio Austria
Büro Linz
Ellbogner Str. 60
A-4020 Linz
Tel.: +43 (0) 732 – 65 48 84
www.bio-austria.at

Bio Suisse
Peter-Merian-Str. 34
CH-4052 Basel
Tel.: +41 (0) 61 204 66 66
www.bio-suisse.ch

REGISTER

BILDNACHWEIS

Mit 127 Farbfotos von Jürgen Weisheitinger, Lörrach. Außer: S. 8 Nr. 2 Frank Hecker; S. 14 alle vier Marianne Golte-Bechtle; S. 15 Nr. 7 Sigrid Haag, die weiteren vier von Marianne Golte-Bechtle; S. 39 alle vier GAP Gardens; S. 72 GAP Gardens/Gary Smith; S. 78 beide Shutterstock; S. 82 Nr. 6 Frank Hecker, die restlichen fünf von Gartenschatz, Stuttgart; S. 94 Reinhard Tierfoto/Hans Reinhard, Heiligkreuzsteinach-Eiterbach.

IMPRESSUM

Umschlaggestaltung von Gramisci Editorialdesign, München unter Verwendung von 16 Farbfotos von Jürgen Weisheitinger, 1 Farbfoto von Silke Hartenstein (Autorenbild), 1 Farbfoto von Heiko Bellmann (Schlehe), 7 Farbfotos von Gartenschatz, Stuttgart (Kürbis, Zwiebel, Kohl, Sanddorn, Mispel, Eberesche, Mini-Kiwi)

Alle Angaben in diesem Buch sind sorgfältig geprüft und geben den neuesten Wissenstand bei der Veröffentlichung wieder. Da sich aber das Wissen laufend und in rascher Folge weiterentwickelt und vergrößert, muss jeder Anwender prüfen, ob die Angaben nicht durch neuere Erkenntnisse überholt sind. Dazu muss er zum Beispiel Beipackzettel zu Dünge-, Pflanzenschutz- bzw. Pflanzenpflegemitteln lesen und genau befolgen sowie Gebrauchsanweisungen und Gesetze beachten. Jede Dosierung und Anwendung erfolgt auf eigene Gefahr. Autor und Verlag müssen alle Schadensersatzansprüche von vornherein ablehnen. Gebrauchsnamen, Handelsnamen, Warenbezeichnungen sind in diesem Buch ohne nähere Kennzeichnung in Bezug auf Marken, Gebrauchsmuster und Patentschutz weitergegeben. Daraus kann nicht abgeleitet werden, dass diese Namen und Verfahren als frei im Sinne der Gesetzgebung gelten und von jedermann benutzt werden dürfen. Das Allerwichtigste ist, dass Sie die Pflanzen und insbesondere die Kräuter einwandfrei erkennen. Oftmals gibt es verwandte Arten, die sich sehr ähnlich sehen. Die eine ist jedoch gut, die andere giftig. Wenn Sie irgendwelche Zweifel haben, dann verwenden Sie die Pflanze nicht.

Unser gesamtes lieferbares Programm finden Sie unter **kosmos.de**. Über Neuigkeiten informieren Sie regelmäßig unsere Newsletter, einfach anmelden unter **kosmos.de/newsletter**.

Gedruckt auf chlorfrei gebleichtem Papier

© 2017, Franckh-Kosmos Verlags-GmbH & Co. KG, Stuttgart
Die Inhalte und Bilder dieser Ausgabe stammen aus dem Titel „Biogärtnern" (ISBN 978-3-440-11196-3)
ISBN 978-3-440-15626-1
Projektleitung: Birgit Grimm
Redaktion und Bildredaktion: Birgit Grimm
Gestaltungskonzept: Gramisci Editorialdesign, München
Gestaltung und Satz: DOPPELPUNKT, Stuttgart
Produktion: Klaus Jost
Druck und Bindung: FIRMENGRUPPE APPL
Printed in Germany / Imprimé en Allemagne

—— Natürlich und nachhaltig Gärtnern

Simone Kern zeigt, wie man seinen Garten in ein blütenreiches Paradies für Bienen, Hummeln und Schmetterlinge verwandelt. Ob Land oder Stadt, ein insektenfreundlicher Garten lässt sich überall verwirklichen. Wie man ihn plant, pflegt und erhält, wird hier Schritt für Schritt erklärt. Porträts der wichtigsten Insekten und Gartenpflanzen runden diesen reich bebilderten Ratgeber ab.

128 Seiten, ca. €(D) 16,99

Gesunde Pflanzenpracht ganz ohne Chemie, das ist möglich und ohne viel Mühe im eigenen Garten anwendbar. Die Gartenprofis Joachim Mayer und Franz-Xaver Treml zeigen, wie man natürliche Flüssigdünger selbst herstellt und sie gezielt zur Stärkung und Düngung einsetzt: für fruchtbare Böden und kräftige Pflanzen.

128 Seiten, ca. €(D) 14,99

Werden Sie Moor- und Klimaschützer!

Gärtnern Sie torffrei!

Hier wird schon überall torffrei gegärtnert

Weitere Infos unter www.NABU.de/moorschutz

BALKON-GEMÜSE
FÜR DIE SOMMERERNTE

MANGOLD
Ab März/April bis Juni mit Abstand von ca. 25 cm nach allen Richtungen in große Töpfe aussäen; nach etwa 8 Wochen Blatt-Mangold, nach 12 Wochen Stiel-Mangold ernten.

TOMATE
Voranzucht im März/April auf der Fensterbank; vor Regenschützen, Stützstab zum Hochbinden geben; Blattachseln kontinuierlich entfernen; ab Juli ernten.

PAPRIKA
Voranzucht im Haus (März/April), nach den Eisheiligen bis Anfang Juni in Einzeltöpfe setzen; wärmeliebend; ab Juli ernten, grüne Früchte können früher geerntet werden.

AUBERGINE
Ab März im Haus vorziehen, nach ca. drei Wochen pikieren; ab Mai in großen Töpfen (mind. 10 l) langsam ans Freie gewöhnen; sehr wärmeliebend; nur etwa drei Früchte pro Pflanze wachsen lassen; im Sommer hohe Pflanzen stützen; Nebentriebe ausgeizen, Haupttriebe einkürzen; gute Wasserversorgung bieten; ab August ernten.

SAISONALES
OBST &
—— GEMÜSE

ARTISCHOCKE
Ab Februar im Haus vorziehen, im Mai in große, tiefe Kübel umpflanzen (mind. 20 l); sehr wärmeliebend und hoher Wasserbedarf; geschlossene Blütenknospen ab Juli ernten.

ZUCCHINI
Im März auf der Fensterbank vorziehen, ab Mitte Mai rausstellen in Töpfe von mind. 45 cm Durchmesser; Früchte mit 15 bis 20 cm Länge ab Juli ernten, große Früchte sind weniger aromatisch.